国家普及类古籍整理图书专项资助项目

中国古代文史经典读本

水经注 选评

赵永复　赵燕敏　撰

上海古籍出版社

图书在版编目(CIP)数据

水经注选评 / 赵永复,赵燕敏撰. —上海:上海
古籍出版社,2017.7
(中国古代文史经典读本)
ISBN 978-7-5325-8525-0

Ⅰ.①水… Ⅱ.①赵… ②赵… Ⅲ.①古水道-历史
地理-中国②《水经注》-研究 Ⅳ.①K928.4

中国版本图书馆 CIP 数据核字(2017)第 153010 号

中国古代文史经典读本

水经注选评

赵永复 赵燕敏 撰

上海世纪出版股份有限公司
出版
上 海 古 籍 出 版 社

(上海瑞金二路 272 号 邮政编码 200020)

(1)网址:www.guji.com.cn

(2)E-mail:gujil@ guji.com.cn

(3)易文网网址:www.ewen.co

上海世纪出版股份有限公司发行中心发行经销
常熟新骅印刷有限公司印刷

开本 787×1092 1/32 印张 9.75 插页 2 字数 129,000
2017 年 7 月第 1 版 2017 年 7 月第 1 次印刷
印数:1—3,100
ISBN 978-7-5325-8525-0

K·2353 定价:24.00 元
如有质量问题,读者可向工厂调换

出 版 说 明

　　上海古籍出版社成立六十多年来形成了出版普及读物的优良传统。上一世纪,本社及其前身中华书局上海编辑所策划、历时三十余年陆续出版的《中国古典文学作品选读》与《中国古典文学基本知识》两套丛书各八十种,在当时曾影响深远。不少品种印数达数十万甚至逾百万。不仅今天五六十岁的古典文学研究者回忆起他们的初学历程,会深情地称之为"温馨的乳汁";而且更多的其他行业的人们在涵养气度上,也得其熏陶。然而,人文科学的知识在发展更新,而一个时代又有一个时代的符号系统与表达、接受习惯,因此本世纪初,我社又为读者奉献了一套"新世纪文史哲经典读本",是为先前两套丛书在新世纪的继承与更新。

　　"新世纪文史哲经典读本"凝结了普及读物出版多方面的经验：名家撰作、深入浅出、知识性与可读性并重固然是其基本特点；而文化传统与现代特色的结合，更是她新的关注点。吸纳学界半个世纪以来新的研究成果，从中获得适应新时代读者欣赏习惯的浅切化与社会化的表达；反俗为雅，于易读易懂之中透现出一种高雅的情韵，是其标格所在。

　　"新世纪文史哲经典读本"在结构形式上又集前述两套丛书之长，或将作者与作品（或原著介绍与选篇解析）乳水交融地结合为一体，或按现在的知识框架与阅读习惯进行章节分类，也有的循原书结构撷取相应内容并作诠解，从而使全局与局部相映相辉，高屋建瓴与积沙成塔相互统一。

　　"新世纪文史哲经典读本"更是前述两套丛书的拓展与简约。其范围涵盖文学经典、历史经典与哲学经典，希望用最省净的篇幅，抉示中华文化的本质精神。

　　该套丛书问世以来，已在读者中享有良好的口碑。为了延伸其影响，本社于2011年特在其中选取十五种，请相关作者作了修订或增补,重新排版装帧,名之为"中国古代文史经典读本",以飨读者。出版之后,广受读者的好评,并于2015年被评为"首届向全国推荐中华优秀传统文化普及图书"。受此鼓舞,本社续从其中选取若干种予以改版推出,并得到国家有关部门的支持,多种获得2016年普及类古籍整理图书专项资助。希望这套书能继续为广大读者喜欢,为弘扬中华优秀传统文化作出贡献。

上海古籍出版社

2017年6月

目　录

导　言

郦道元著的《水经注》是我国古代一部集北魏以前地理学大成的名著,它的内容涉及多种学科,尤其在历史、文学等方面有重要的参考价值。

水是人们生活、农业生产不可缺少的泉源,自古以来,我国一直重视河流水道的记载,《禹贡》、《山海经》、《汉书·地理志》、《说文》等都记有河流水体,其中《汉书·地理志》最详细,大约记载有名称的河流、湖、泽、陂、池等360条,一般记出它的发源地、方位、流向及归宿,较大的河流还注出流过的地方和里数。《水经》的体例大致相近,但它的作者是谁? 是什么时代的著作? 历史上却一直是个悬案。

《隋书·经籍志》载有郭璞注《水经》三卷,郦道元注《水经》四十卷，都没有提到《水经》的作者。《唐六典》作桑钦《水经》；《旧唐书·经籍志》有郭璞撰《水经》二卷；《新唐书·艺文志》有桑钦《水经》三卷，一作郭璞撰；《通典》说郭璞、郦道元两人注《水经》，均不详所撰者姓氏；《通典》成书于唐贞元十七年（801），作者是宰相杜佑，可见《水经》的作者是谁，唐代已不大清楚。

桑钦是西汉末年人，古文尚书家，《汉书·地理志》记载的河流有引桑钦说数条，作"桑钦以为"或"古文以为"，完全是注释家的口气，不像是《水经》的原文；同时《水经注》也引用桑钦说，那么《水经注》中的《水经》也和桑钦无关；特别是《水经》有东汉以后的材料，和桑钦所处的时代不符，所以多数研究者认为《水经》不是桑钦的著作，但这主要从后世文献作出的判断，《唐六典》是唐朝官方所修，明确记有桑钦《水经》，似乎也很难加以否定。《山海经·海内东经》记有 26 条河流，和《山海经》其他部分不一样，清人魏源推测这就是郭璞注的《水经》，但是《海内东经》汉水、济水等几条河流下，郭注几次提到《水经》，并指出和《水经》不同的地方，另外赣水、郁水等河流与《水经注》相关河流引用的《山海经》，完全相同或大致相同，这也证明了它不是郭璞注的《水经》；杨守敬认为，不少古籍引用《水经》注文，都是郦道元的注，没有郭璞的注，而且郭璞也注过许多古籍，就是不见有郭注《水经》，所以推断郭璞没有注过《水经》；但《通典》说《水经》是僻书，又说《水经》晋郭璞注三卷，后魏郦道元注四十卷，"访求久之方得"，可见当时《水经》已是很稀有的书，而且杜佑是亲自见到过这两部书的。看来《水经》的作者究竟是谁，也是难以弄清的问题，不过如有郭注《水经》，从《通典》引用《水经》和考证它的年代来说，郭、郦两人注的《水经》经文大致是一样的，不过现存只有郦道元注的《水经》了。

《水经》最早见于《汉书·诸侯王表》颜师古注中的晋灼所引，晋灼是西晋人。关于它的著作年代，首先研究的也是杜佑，他根据《水经》中有东汉顺帝（126—144）时的地名，认为成书于顺帝以后。宋代学者王应麟对此持怀疑态度，指出因经注混淆，杜佑列出的几条证据多数是注而不是经文，而经文中有三国魏文帝设置的魏兴郡，这成为后人探讨《水经》成书年代的重要线索。清代戴震、杨守敬等也都据地名定为三国魏或魏初人所作。不过《水经》的内容很复杂，有一些是不能用三国时的制度来解释的，如广昌，西汉属代郡，东汉属中山国，《经》作代郡广昌，这是西汉的建制；西汉安险，东汉章帝(76—88)改名安喜，《经》作安喜，这是东汉的地名；也有同一条河流并用西汉、东汉的材料。因此，《水经》的主体大致反映东汉时的情况，部分资料下限为三国，有一些又涉及到西汉，可能出于不同时期、不同作者之手，而不是同时成书的，或者是魏人根据不同年代的材料综合整理而成。

《水经注》现在已经叫习惯了，但它不是原来的书名。《魏书》、《北史》都说郦道元撰注《水经》，其他唐代以前古籍也多作郦道元注《水经》，或《水经》郦道元注，只有少数作《水经》注，大概到宋代《水经》和郦道元注开始合称，《水经注》逐渐演变为这部书的专称。

我国古代地理学比较发达，甘肃天水出土的战国秦木版地图,河流画得很详细;湖南长沙马王堆发现的汉初地图,有山、河流、聚落、道路,主区精度已接近今图。秦、汉中央集权的强化,出现了记述全国地理情况的总志,以后历代都保持这个传统,即使在分裂时期也不例外,如十六国时僻处今河西走廊一隅的北凉,它是少数民族卢水胡建立的政权,也有阚骃写的《十三州志》,记述范围包括这个地方政权辖境以外的广大中原地区;此外,还涌现出许多地区或专门的地理著作,如记载某一地方史地的州郡记以及山川记、水道记、风俗记、风土记、外域记、异物志、图经、人物传、行记等等。在北魏以前,种类之多,涉及地域之广,已不胜枚举,这些成果为郦道元撰写《水经注》创造了十分优越的条件。

北魏是拓跋鲜卑建立的政权。拓跋鲜卑原来生活在东北的大兴安岭附近,大概在西汉末、东汉初,南迁到呼伦贝尔草原,吸收了一部分匈奴部众;约东汉末年,再南迁至大青山南麓的河套一带。在长期的迁移过程中,又融合丁零、柔然、乌丸等民族,并逐步接受汉文化的熏陶,参与中原地区的政治角逐。北魏政权建立初期,正值十六国大分裂，它先后攻占后燕南部，灭北燕、夏、北凉，结束了北方一百多年的大分裂，疆域南到秦岭、淮河，西达河西走廊以西，北至蒙古高原，东临大海，奠定了南北两大政权并立的局面，为中华民族的融合作出了贡献。郦道元生活的时代，拓跋鲜卑入据中原已近百年，经过魏文帝的改革，首都从平城（今山西大同市）南迁洛阳，民族融合进一步加强，文化日益发展。当时南北处于分裂状态，但并没有阻隔双方的政治关系和文化交流，如提拔过郦道元的李彪，曾六次出使南齐，与南朝官员探讨礼乐制度，诗赋赠答，随从人员还奉命考察南齐都城建康（今江苏南京市），对营建洛阳产生一定的影响。《水经注》引用的书籍，不少是南朝文献，像宋盛弘之《荆州记》、段国《沙州记》、范泰《古今善言》、竺芝《扶南记》，齐刘澄之《永初山川记》和梁沈约《宋书》等，《沔水注》引有吴均《剑骑诗》，吴均在南朝梁以文章著称，和郦道元是同时代人，可见当时南北文化传播的频繁和迅速。

　　郦道元出身于官宦世家，祖籍范阳涿县（今河北涿州市）。关于他的生平，《魏书》、《北史》郦道元传记得很简略，但根据有关人物记传、《水经注》中的自叙，大致可以勾画出其一生事迹。他的出生年代，近人考证很不一致，太和年间他父亲郦范任青州（今山东青州市）刺史时，正值总角之年，但是郦范什么时候出任青州刺史，年代没有明确记载，同时总角泛指少年，时间跨度长，所以他的生年不详。

郦道元少年时代是在青州度过的，这一带是山地丘陵区，山灵水秀，他经常和伙伴们一起，游乐于青山绿水之间，陶醉在山河美景之中，孕育了热爱大自然的情怀，成为铭刻在心中的美好回忆，《巨洋水注》、《淄水注》几次描绘了当时的情景。

他青年时代的宦途颇为顺利，约太和十七年（493）或前一二年，已在祠部担任官职，主管礼乐。十八年（494）为尚书主客郎，负责域外或少数民族事务，这一年随孝文帝出巡北边，到过今内蒙古大青山一带，《河水注》中几次反映了他在当地的所见所闻。后来又一度任太尉掾。十九年（495）五月后任治书侍御史，二十一年（497）八月，孝文帝亲征南齐，他留守洛阳，由于上级官员李彪、李冲发生冲突，他受到了牵连，二十二年（498）被罢官。大约在景明（500—503）年间，郦道元曾游历淮河流域，乘便考察那里的地理情况，并出任颍川郡（治长社，今河南长葛市东北老城）太守，正始三年（506）前后，任冀州（治信都，今河北冀州市）镇东府长史，因为刺史不到任，他实际负责全州事务。永平（508—511）年间，奉命安置滍水（今河南鲁山南沙河）一带归顺朝廷的少数民族，随即担任鲁阳（治北山，今鲁山）太守。在任期间，他重视教育，设立学校，并参考方志、地图，就近调查汝水（今北汝河）源头，《汝水注》记述了当时实地考察的成果。约延昌四年（515）又转任东荆州（治沘阳，今河南泌阳）刺史。郦道元向来以执法严厉著名，因而为当地一部分少数民族首领所不容，熙平元年（516）前后再次被迫免官。至迟在正光四年（523）二月前已复职担任御史中尉，负责中央一级的监察工作。五年（524）任河南尹，成为首都洛阳的最高地方行政长官。这时北方不稳，他又以黄门侍郎的身份派往北部边陲，与李崇等一同处理改军事重镇为州的任务，但因朝廷军队已兵败白道（今内蒙古呼和浩特市北坝口子），李崇等率军退回云中（今内蒙古和林格尔北）、平城，改镇为州一时不能实施，他可能受命未行或随即返回。当时南境也发生战事，南朝梁进攻北魏控制的边境重镇寿春（今安徽寿县），约此年九月至孝昌元年（525）五月间，出任摄行台尚书，行台是代表朝廷行使权力的临时派遣机构，他节制诸部一度进军至城父（今安徽亳州市东南城父集）、涡阳（今安徽蒙城）。孝昌初，仍为御史中尉。那时北魏内外交困，战乱四起，二年（526），又被任命为行台，和河间王琛前往镇压原来安插在定州左城（今河北唐县西雹水）一带的沃野降人鲜于修礼。由于各统将不相配合，琛等为鲜于修礼所败，他任行台可能只有几个月。早在正光五年，莫折大提自称秦王，攻克高平（今宁夏固原），莫折大提死后，其子称天子，设百官，朝廷派萧宝夤率军西征，用兵数年，局势不见好转。孝昌三年（527）萧宝夤退回雍州（治长安，今陕西西安市西北），被任命为雍州刺史，因屡次兵败，心中不安，朝廷命郦道元为关右大使，前往安抚，而萧宝夤则怀疑他此行是执行朝廷使命，对己不利。当年十月郦道元即将到达长安时，为萧宝夤派人包围于阴盘驿（今陕西西安市临潼区东零水西、戏河东的马额镇附近），结果他与弟道峻及二子不幸遇害。

郦道元在宦海中沉浮近四十年，从郡太守、州刺史到河南尹、御史中尉，历任要职，由于他严格执法，不畏权贵，在仕途上两落两起。但他一生好学不倦，勤于著述，终于完成了不朽名著《水经注》。

《水经注》除了吸收了北魏以前地理学成果外，同时利用了当时的最新资料，这是确定这部书完成时间的主要依据。其中郦道元自叙个人经历最晚是延昌四年任东荆州刺史，后于这一年的还有多处。《谷水注》有永宁寺，《淮水注》提到浮山堰溃决，《获水注》记载正光中齐王镇徐州筑大堰，史载永宁寺建于熙平元年（516），浮山堰也在同一年溃决；齐王指萧宝夤，据载延昌初封齐王，神龟中（518—519）出任徐州（治彭城，今江苏徐州市）刺史，正光二年（521）调任他职，那么在沭水上筑堰大概在正光元年（520）至二年间。正光五年以后郦道元政务繁忙，一直到他被害，所以《水经注》记载的最晚年代为正光二年（521），不过这是一部数十万字的著作，各卷可能不是同时成书的。

《水经》的专业性很强，内容极为简略，只有主管农田水利的官员或学者用得着，所以杜佑说很多人都不去看它。河流是大地的脉络，郦道元利用它连贯而又成系统的特点，以水系为框架，记述各河流和流经地点的自然及人文情况，繁征博引，改变了《水经》单纯记载河流的性质，成为一部综合性的地理著作，有的地方甚至突破了地理学的范围。由于郦道元笔下描绘的壮丽河山，形象逼真，生动活泼，词句优美，其中不少是引用他人著作，综合反映了南北朝时期山水文学的成就，在古典文学上也有很高的价值。

《水经注》的内容，包括河流水系、山脉地貌、自然环境、政区沿革、历史事件、城市聚落、交通道路、桥梁津渡、经济物产、名胜古迹、园林建筑、宫观陵庙、风土民俗、农田水利、耕作制度、地方掌故、奇闻佚事、民谣谚语、神话传说、金石碑刻，甚至涉及自然灾害、动植物、医学、方言等。例如河流水道，《唐六典》水部郎中员外郎条，桑钦《水经》所引天下之水百三十七，江河在焉；郦善长注《水经》引其技流一千二百五十二；按文意《水经注》应记河流一千三百八十九，可能因为核算标准不同，经统计今本《水经注》记有江、河、水、川、浦、湖、塘、渎、故渎、泊、陂、沟、渠、池、泉、海等共二千五百九十六，超过《唐六典》一倍以上，因为宋代已佚五卷，所以《水经注》记有大小河流三千条左右。在政区沿革方面，详细记录了北魏以前州、郡、县的设置、变化、驻地迁移，不少填补了史料的空白。如秦代没有地理志，《史记》、《汉书》记得很不全面，《水经注》提到的秦郡约有二十八个，占了秦初三十六郡的大部分；尤其是《魏书·地形志》记载的政区制度以东魏为标准，北魏建制缺漏很多，《水经注》记录的是当时资料，尤为宝贵。史载郦道元历览奇书，因此《水经注》内容几乎无所不包，例如《伊水注》提到伊水（今河南伊河）出产一种鲵鱼，声如小儿啼，有四足，形如鳢；根据一般常识可以判断，这就是两栖类动物大鲵,俗名娃娃鱼,现在伊河流域山溪中还生长这种动物,可见当地娃娃鱼见于记载已经一千多年了。《沔水注》引《汉中记》说山多野牛、野羊,根据描述就是现在分布在秦岭山区的珍稀动物羚牛。有些不知为何物,如《沔水注》疏口(今湖北宜城市北)附近中的水虎、《江水注》中僰道(今四川宜宾市)一带的猶獇,都还有待研究。又《沔水注》记载堵水(今湖北堵河)附近有一条河流,"饮此水者,令人无病而寿",不知水中是否含某种有利于身体的微量元素。《灅水注》说"燕语呼毛为无",和现在闽南语、粤语等相近,燕地指今河北、辽宁一带,其间有无关系,在语言学上也值得探讨。《鲍丘水注》记有土垠县(今河北唐山市丰润东)观鸡寺中可容纳千人大堂的取暖系统,《河水注》有黄河上游吐谷浑人建造大桥的方法,还记了都江堰等许多水利工程的建筑结构,反映了古代技术上取得的成就。其他如历史上今山西的地下煤自燃、河北的地震遗迹、湖南的鱼化石以及各地的温泉利用等等,均在书中有所反映。由于《水经注》引用的四百多部书中,约四分之三已经亡失或部分散佚，因而保存了不少古文献，向来为研究者们所重视。

明清以来，研究《水经注》成为一门专门的学问，称为"郦学"。几百年中，这些学者前赴后继，在分清经注、校勘文字、考证地名、绘制地图上作出很大的贡献，为我们今天阅读这部留传已近一千五百年的古籍，提供了许多方便。随着现代科学的发展，书中提到的有些现象，现在可以取得较为科学的解释，因此加强多学科的合作，必将使《水经注》的研究进入一个新阶段。总之，《水经注》不但对地理、历史、文学及其他社会科学的研究有很重要的参考价值，而且自然科学爱好者也可从中得到启发，因而值得一读。

本书正文主要依据杨守敬、熊会贞《水经注疏》，并参考王先谦《合校水经注》，少数比较重要的改动，在注释中说明。《水经》文字用方括号标出，以与郦道元《注》文相区别。书中地图由复旦大学历史地理研究中心陈伟庆女士精心绘制，在此谨表谢意。

一、鄯善屯田

本文选自卷二《河水注》。

早在二千多年前，中原王朝就和居住在今新疆罗布泊洼地一带的楼兰发生了密切关系，并且在这里进行屯垦和修筑水利工程，楼兰境内鄯善屯田是中原王朝在今新疆最早的屯田之一。本节选自《河水注》，河是古代黄河的专称，《水经注》受汉代以后传统思想的束缚，误认为今新疆南部的河流属于黄河水系，所以把鄯善屯田和在当地兴建水利的故事也记入《河水注》中。

注滨河①又东，径鄯善国②北，治伊循城③，故楼兰之地也。楼兰王不恭④于汉，元凤四年，霍光⑤遣平乐监⑥傅介子⑦刺杀之，更立后王。汉又立其前王质子⑧尉屠耆者为王，更名其国为鄯善。百官祖道⑨横门⑩。王自请天子曰：身在汉久，恐为前王子所害，国有伊循城，土地肥美，愿遣将屯田积粟，令得依威重。遂置田⑪以镇抚之。

敦煌⑫索劢⑬，字彦义，有才略。刺史⑭毛奕表行⑮贰师将军⑯，将酒泉⑰、敦煌兵千人，至楼兰屯田，起白屋⑱，召鄯善、焉耆⑲、龟兹⑳三国兵各千，横断㉑注滨河。河断之日，水奋势激，波陵㉒冒堤。劢厉声曰：王尊建节，河堤不溢㉓；王霸精诚，呼沱不流㉔；水德神明㉕，古今一也。劢躬祷祀，水犹未减，乃列阵被杖㉖，鼓噪欢叫㉗，且刺且射，大战三日，水乃回减㉘，灌浸沃衍㉙，胡㉚人称神。大田三年，积粟百万，威服外国。

① 注滨河：今新疆若羌东的米兰河。　② 鄯善国：古代西域城郭。原名楼兰，西汉元凤四年（前77）改名鄯善。③ 伊循城：故址在今新疆若羌东米兰。　④ 不恭：不尊重，不服从。指西汉时楼兰王勾结北方强邻匈奴，杀害汉使者。⑤ 霍光：？—前68年，字子孟，西汉河东平阳（今山西临汾市西南）人。大将霍去病的异母弟，武帝时任官职，昭帝、宣帝时掌握朝政二十年。　⑥ 平乐监：即平乐厩监。是管理宫廷马房的官员。厩，马房。　⑦ 傅介子：？—前65年，西汉北地义渠（今甘肃庆阳西南）人。曾奉命出使大宛（今中亚费尔干纳一带）等地。　⑧ 质子：古时一个国家或地方政权送到另一个国家或中央政府的人质，一般由王子充当。　⑨ 祖道：古代为欢送出门人举行的一种仪式。　⑩ 横门：汉长安城（今陕西西安市西北）北面西头第一个门。　⑪ 田：即屯田。⑫ 敦煌：汉置郡、县。故址在今甘肃敦煌市西南。　⑬ 索劢：索是古代敦煌著姓。索劢事迹，仅见于此。　⑭ 刺史：州的长官。　⑮ 表行：表，上奏章给朝廷。行，担任，从事，做。　⑯ 贰师将军：贰师原是大宛境内的城名，一般认为即今吉尔吉斯斯坦境的奥什（OSH）。汉武帝为了取得贰师城的良马，任命李广利为统帅，号为贰师将军，远征大宛。以后历

史上没有记载再有其他人有这个称号。　⑰酒泉：汉置郡，
治禄福县（今甘肃酒泉市），隋置肃州，改县为酒泉。后几经变
迁，清为肃州，1913年改州为酒泉县。今甘肃酒泉市。
⑱白屋：用素材建造的简易房屋。今楼兰故址发现的房屋遗
迹，大都以胡杨木作柱，用柳条编成墙垣，有的再涂上泥土。
⑲焉者：古代西域城郭。故址在今新疆焉者。　⑳龟（qiū）
兹：古代西域城郭。故址在今新疆库车。　㉑横断：拦断。
意思是在注滨河上筑坝。　㉒陵：超越。　㉓王尊建节二
句：王尊，字子赣，西汉涿郡高阳（今河北高阳东）人。任东郡
（今河南濮阳西南）太守时，黄河河水暴涨，河堤危急，王尊亲
自祭祀水神，发愿要以自己的身体来填缺口，并住宿在河堤
上。下属和百姓都劝他走，他坚持不离开。后来水势猛涨，河
堤损坏，他仍站在堤上不动，据说河水随即回落。这里用的就
是这个典故。黄河原来是流经今河南省濮阳一带的，因河流
改道，现在已不在黄河岸边。建节，树立节操。　㉔王霸精
诚二句：王霸（？—57），字伯元，东汉颍川颍阳（今河南襄城
县颍桥北）人。史载王霸随光武帝出征，到了下曲阳（今河北
晋州市西），传闻后有敌兵，随从恐慌，而前有呼沱河，派往侦
察的人说，河水湍急，又无渡船，难以过河。光武帝命王霸再

探,王霸怕队伍混乱,回来谎报说,冰结得很坚硬,可以渡过。光武帝一行随即到达河边,据说河水果然已经结冰。这里记的就是这个故事。　㉕神明:神灵,明智。　㉖被杖:拿着武器。被,背负。杖,泛指棍棒一类兵器。　㉗欢叫:大声喊叫。　㉘回减:回落,三日水势回落,反映当地河流有暴涨暴落的特性。　㉙沃衍:肥沃的土地。　㉚胡:泛指西北一带少数民族。

本节分两个部分,第一部分,介绍西汉在鄯善屯田的经过;第二部分,叙述东汉时索劢在这一带修筑水利工程和屯田的情况。

楼兰位于今新疆东部罗布泊洼地沿岸,遗址至今仍矗立在洼地西岸。自公元前 2 世纪中,西汉张骞出使西域以后,由于楼兰地当内地通西域孔道,其地位特别重要。这里介绍了楼兰改名鄯善、迁都以及汉朝在伊循城屯田的原因和经过,在《汉书·西域传》里也有类似的记载。

东汉时索劢在这一带修筑水利工程和屯田的故事,

楼 兰 遗 址

看起来是一则历史传说,在细节上有一些不合理的地方。例如,贰师将军是西汉武帝远征大宛时,统帅李广利的称号,终西汉一代,再没有其他将军有这个称呼,东汉也不见有记载。索劢是当时州刺史推荐的一个中下级武官,称为贰师将军的可能性不大,所以有的学者认为是穿凿附会;又如索劢率领士卒用兵器和洪水大战三日,这又近乎是神话了。但它的主要部分应该是有事实根据的,地点和人物都合乎情理,如索氏是古代敦煌著姓,在《广韵》里有记载,特别是对地理情况的描述,十分正确。鄯善所在地在今新疆若羌县,位于塔克拉玛干大沙漠南缘,一向干旱少雨,但是1993年夏季却连降暴雨,其持续周期之长,洪水之凶猛,为历史所罕见,洪流量达每秒350立方米,洪峰所到之处,浊浪滔天,造成河堤多处决口,这和文中描写的注滨河河坝合龙时,水势奋激、巨浪冲堤的情景,几乎一模一样。可见,当地确曾有突发性洪涝灾害。因此,剔除其中的不合理部分,内容应该是可信的。这则故事还运用历史典故,强调治河要讲诚信和官员要与百姓同甘共苦,反映了古代的治河思想以及人民的美好愿望。

二、蒲昌海

本文选自卷二《河水注》。

蒲昌海，又名盐泽，不同时期、不同民族对它有不同的称呼，其他还有辅日海、牢兰海、临海等名称，牢兰是楼兰的音转，因旁有楼兰城得名。元代以后称为罗布淖尔，淖尔是蒙古语，意为湖泊，今称罗布泊。古代这里地当中原到西域的必经之路，西汉武帝时，张骞通西域，发现葱岭（今帕米尔高原）是一座大分水岭，高原以西的河流，流向西方，高原以东的河流，流向东方。今叶尔羌河、塔里木河流入当时称为盐泽即蒲昌海的湖泊后，河流不见了，但越过不长的河西走廊，又见到了黄河，而河出积石山，是早有记载的，于是将两者联系了起来，产生了黄河重源说，即《注》中所谓“河水所潜而出于积石也”，在我国地理发现史上有着重要的影响。蒲昌海附近的白龙堆，又称龙城，其恶劣的地理环境，千姿百态的地貌景观，以至衍化出神话传说，进一步增添了罗布泊的神秘色彩。

河水[①]又东，注于泑泽[②]，即《经》[③]所谓蒲昌海也。水积鄯善之东北，龙城[④]之西南。龙城故姜赖之虚[⑤]，胡之大国也。蒲昌海溢，荡覆其国，城基尚存而至大，晨发西门，暮达东门。浍其崖岸，余溜风吹，稍成龙形[⑥]，西面向海，因名龙城。地广千里，皆为盐而刚坚也。行人所径，畜产皆布毡[⑦]卧之。掘发其下，有大盐，方如巨枕。以次相累[⑧]，类雾起云浮[⑨]，寡见星日，少禽，多鬼怪。西接鄯善，东连三沙[⑩]，为海之北隘矣。故蒲昌亦有盐泽之称也。《山海经》[⑪]曰：不周之山，北望诸毗之山，临彼岳崇之山,东望泑泽,河水之所潜也,其源浑浑泡泡者也[12]。东去玉门[13]、阳关[14]一千三百里,广袤三百里。其水澄渟[15],冬夏不减。其中洄湍电转[16],为隐沦[17]之脉,当其澴[18]流之上,飞禽奋翮[19]于霄[20]中者,无不坠于渊波矣。即河水所潜而出于积石[21]也。

① 河水:本来是指黄河,受河流重源说的影响,这里指的是新疆塔里木河。 ② 泑泽:这里指蒲昌海,即今罗布泊洼地,已干枯无水。 ③ 经:指《水经》。 ④ 龙城:一名白龙堆。位于罗布泊洼地东北。 ⑤ 姜赖之虚:可能于姜戎有关。《左传》襄公十四年(前559):"姜戎氏,昔秦人迫逐乃祖吾离于瓜州。"杜预注:"瓜州地在今敦煌。"姜戎,又作允姓之戎,见《左传》昭公九年(前533)、《元和志》卷四十陇右道沙州。龙城,在敦煌西。 ⑥ 浍其崖岸三句:大意是海水冲荡崖岸,水流冲刷后剩下来的部分,再经过风吹,成为龙一样的形状。浍,水流汇集,引伸为冲刷。溜,水流。 ⑦ 布毡:铺上毡子。因地上盐壳坚硬,驼、马等牲畜卧睡,要铺上毡子才

能避免碰伤肌肤。 ⑧ 以次相累：依次堆积。累，积累。
⑨ 类雾起云浮：像雾起一样迷迷蒙蒙，像浮云一样层层叠叠。
这里不是指盐层，而是描写白龙堆。白龙堆中的土墩星罗棋
布，栉比鳞次，高低不一，组成物质是粉砂、细砂和砂质粘土，
层理分明。当地气候多变，一年中有大半时间风沙弥漫。
⑩ 三沙：今新疆、甘肃交界一带的库木塔格沙漠。 ⑪《山
海经》：作者不详。各篇不是同时代一人的作品，一般认为成
书于战国到西汉初年，其中《山经》时代较早。 ⑫ 不周之山
六句：见《山海经·西次三经》。不周、诸毗、岳崇都是山名。
临，高踞。 ⑬ 玉门：即玉门关。汉武帝置。故址在今甘肃
敦煌市西北小方盘城，城垣至今保留比较完整。 ⑭ 阳关：
西汉置。故址在今甘肃敦煌市西南南湖附近。 ⑮ 澄渟：湖
水清澈平静。澄，水清澈不流动。渟，水积聚不流动。
⑯ 洄湍电转：水流回旋急湍如雷电闪动。 ⑰ 隐沦：暗流。
沦，水波。 ⑱ 濛：波浪回旋喷涌。 ⑲ 翮：鸟羽，鸟翅。
⑳ 霄：云霄。 ㉑ 积石：即积石山，今青海省境的阿尼玛
卿山。

　　今新疆塔里木盆地东部的罗布泊洼地，历史上是个

巨大的咸水湖,20 世纪 30 年代,黄文弼前往考察时,还见到湖泊水云相接,极目无际,鱼凫翱翔于水上,洵为海景奇观,现在则已经完全干枯,广阔的湖盆变成了几十厘米直到一米厚的坚硬盐壳。从 19 世纪 70 年代开始,国外不少探险家纷纷前往探秘,提出了诸如湖泊是个游移湖等学说,引起了国内外地理学家的兴趣和争论。现在从卫星像片上看,有如耳朵形状的环形线,一个套着一个分布在湖盆的东沿,这是不同时期古湖岸线的遗迹。洼地东北部分布着垄脊、土墩和洼地、沟漕相间的白龙堆,这就是文中提到的龙城。《汉书·匈奴传》颜师古引孟康说:"龙堆形如土龙身,无头有尾,高大者二三丈,埤者丈余,皆东北向,相似也,在西域中。"现在地理学上称为雅丹地貌,雅丹是维吾尔语,意思是陡壁的小丘。龙城不是人类活动的遗存,而是千万年来大自然塑造而成的奇迹,是地质时期河、湖相沉积层受风力及洪水侵蚀,形成的土墩和凹地相间的地貌形态。高起的土墩多作长条形,排列方向和主风向平行,呈东北—西南走向,比高多在 4—10 米。从本段内容来看,当时对湖泊形态及其周围地貌，已有详细的了解，特别是有关龙城的描写，十分生动，读后使人有亲历其境的感觉。文中虽还存在着一些矛盾，但认为"浍其崖岸，余溜风吹，稍成龙形"，也就是流水的侵蚀和风的吹蚀，是参与了作用的，这完全合乎现代的科学解释。龙城独特的地形，还化衍出神话故事，《太平御览》卷八百六十五饮食部引《凉州异物志》："姜赖之虚，今称龙城。恒溪无道，以感天庭，上帝赫怒，溢海荡倾。刚卤千里，蒺藜之形，其下有盐，累棋而生。"注："姜赖，胡国名也；恒溪，其王字也，矜贪无厌。上帝化为沙门，游于观其政，遂从溪乞之。以盐与帝，帝乃震怒，使蒲昌海溢，以荡覆也。"说成是当地的姜赖王无道，触怒了上帝，上帝使蒲昌海泛滥，城遭到破坏，从而形成如破城残垣一样的白龙堆地貌。

泑泽出于《五藏山经》，《注》中认为就是蒲昌海即罗布泊，这是汉代以后的说法，汉代以前不是这样。有的学者考证说：若泑泽果然就是罗布泊，那么《西次三经》的西境就该远在罗布泊以西，至少包有今新疆的大部分。但此说实际并不可靠。《唐韵》、《集韵》都说"泑音黝,水黑色也"。盖凡水与泽呈黑色皆得泑水、泑泽为名,非必专指一水一泽。不周山在崇吾山之西六百七十里,约当为今甘肃天祝藏族自治县境内之毛毛山。自此山东望所及之泑泽,很可能是腾格里沙漠中古代一盐池,不可能是远在西方数千里外的罗布泊(谭其骧《论"五藏山经"的地域范围》)。

对黄河河源的认识,自古以来有两种见解,《禹贡》说"导河积石",一般认为《禹贡》是战国时代的作品,可见当时已经知道黄河河源在今青海;另一种便是重源说,认为蒲昌海的湖水伏流地下,到了积石山再重出为河源。古代地理知识还不够发达,有时会将几个不相关的地理现象混在一起,如《注》中既说蒲昌海"河水之所潜也",又说"其源浑浑泡泡者也";浑浑泡泡,水流喷涌不绝貌,《荀子·富国篇》"财源浑浑如泉源",杨倞注:"浑浑如泉源,言不绝也。"则好像又是指今青海省境的黄河河源。现在河源地区有许多泉眼、沼泽和海子,泉水涌现,水流不绝,和"浑浑泡泡"现象相吻合。河流重源说虽有历史根源,但黄河伏流重源说,起源于汉代的张骞,虽然这个说法不正确,但是它是交通发展的产物,如果张骞没有发现今帕米尔高原是个大分水岭,可能也不会有黄河重源说的产生,只是一部分人将这一说法奉为经典,不再进一步考察、思考,以致这个谬误长期不能改正,《注》也没有能够脱离这个桎梏。

三、西海及大小榆谷

本文选自卷二《河水注》。

今青海省黄河两岸是农牧交汇地带,历史上为多民族活动地区。两汉时期,这里是羌族活动的中心,又是中原王朝势力范围的边缘。西汉末年,王莽诱导青海湖一带的羌族请求朝廷设置行政机构,反映了当地羌族与中原王朝关系的密切。东汉时,中原王朝积极对大小榆谷经营开发,筑城堡,建桥梁,开屯田,和一直生活在当地的羌族部落发生既融合又矛盾与冲突的关系。西晋末,源出辽东鲜卑的吐谷浑部从东北迁居于此,《注》引用《沙州记》的记载,留下了他们在黄河上运用科学原理建造桥梁的事迹。

河水自河曲①又东，径西海郡②南。汉平帝③时，王莽④秉政，欲耀威德，以服远方，讽羌⑤献西海⑥之地，置西海郡，而筑五县⑦焉，周海亭燧⑧相望。莽篡政纷乱，郡亦弃废。

河水又东径允川⑨而历大榆、小榆谷⑩北，羌迷唐⑪、钟存⑫所居也。永元五年⑬，贯友⑭代聂尚⑮为护羌校尉，攻迷唐，斩获八百余级，收其熟麦数万斛，于逄留河⑯上筑城以盛麦，且作大航⑰于河峡，作桥渡兵，迷唐遂远依河曲。永元九年，迷唐复与钟存东寇而还。十年，谒者⑱王信、耿谭西击迷唐，降之，诏听还大、小榆谷。迷唐以汉造河桥，兵来无时，故地不可居，复叛居河曲。与羌为仇⑲，种人与官兵击之允川，去迷唐数十里营止，遣轻兵挑战，因引还，迷唐追之，至营因战，迷唐败走，于是西海及大、小榆谷，无复聚落。隃糜相⑳曹凤㉑上言："建武㉒以来，西戎数犯法，常从烧当种起。所以然者，以其居大、小榆谷，土地肥美，又近塞内，与诸种相傍，南得种存，以广其众；北阻大河，因以为固；又有西海鱼盐之利，缘山滨河以广田畜，故能强大，常雄诸种。今党援沮坏，亲属离叛，其余胜兵不过数百，宜及此时建复西海郡县，规固二榆，广设屯田，隔塞羌胡交关之路，殖谷富边，省输转之役。"上拜凤为金城西部都尉㉓。遂开屯田二十七部，列屯夹河，与建威㉔相首尾。后羌反，遂罢。

按段国《沙州记》㉕："吐谷浑㉖于河上作桥，谓之河厉㉗。长一百五十步，两岸累石作基陛，节节相次；大木从横，更相镇压；两边俱平，相去三丈，并大材，以板横次之，施钩栏㉘；甚严饰㉙。"桥在清水川㉚东也。

①河曲：黄河自西向东，在今青海阿尼玛卿山（积石山）东南端，曲而折向西北，经阿尼玛卿山东北麓，又曲而向北，至

共和(恰卜恰镇)东南曲沟,再曲而转向东流,凡千余里,都称为河曲,古时羌语称为"赐支"、"析之"。 ②西海郡:西汉元始四年(4)王莽在羌族聚居地置,治龙耆城(今青海海晏)。1944年在海晏(三角城)古遗址内曾发现一石虎,虎座前刻有"西海郡虎符石匮始建国元年十月癸卯工河南郭戎造"22字。始建国元年为公元9年,正是王莽时代。 ③汉平帝:1—5年在位。 ④王莽:前45—23年,字巨君。西汉末以外戚掌握政权,初始元年(8)十二月称帝,改国号为新,年号始建国,公元8—23年在位。 ⑤羌:是我国具有悠久历史的民族,汉代主要分布今青海、甘肃、陕西、宁夏、四川一带,不同时期分布地不一样。 ⑥西海:一称仙海、鲜水海,羌族称为卑禾海(一作卑禾羌海),即今青海省青海湖。 ⑦五县:县名失载。 ⑧亭燧:烽火亭,有警则举火为号。 ⑨允川:今青海省青海湖东南,贵德西北一带。 ⑩大榆、小榆谷:今青海贵德、尖扎一带黄河南岸谷地。 ⑪迷唐:东汉时烧当羌首领。 ⑫钟存:东汉时钟羌首领。钟羌原居地在大、小榆谷南。 ⑬永元五年:93年。 ⑭贯友:?—96年。曾任居延(今内蒙古额济纳旗东南)校尉。 ⑮聂尚:曾任蜀郡(今四川成都市)太守。 ⑯逢留河:在大、小榆谷北,即今青海贵德、尖扎附近一段黄河。　⑰ 航：浮桥。　⑱ 谒者：官名。主殿上威仪、上章、吊问等事，另有掌河工的河堤谒者，监领黎阳(今河南浚县)营骑兵的黎阳谒者等。王信、耿谭率领的军队中有黎阳营兵，见《后汉书·西羌传》。《续汉书·百官志》引应劭《汉官仪》黎阳有兵骑千人。南宋以前黎阳东临黄河。⑲ 与羌为仇：迷唐羌与其他羌族部落发生矛盾。　⑳ 隃糜相：隃，一作渝。隃糜，侯国名，故址在今陕西千阳。侯国是列侯的食邑，在政区等级上相当于县；它的长官叫做相，地位和县的长官令、长相等。　㉑ 曹凤：字仲理。曾任张掖属国都尉丞、右扶风隃糜相、金城西部都尉、北地太守等职。㉒ 建武：东汉光武帝年号，25—55 年。　㉓ 金城西部都尉：驻龙耆城，故址在今青海海晏。西汉沿袭秦制，郡置守、尉，景帝中元二年(前 148)改名太守、都尉。都尉辅佐太守，典领武职甲卒，内地郡各一人，边郡有多至三四人。东汉建武六年(30)，省内地诸郡都尉，但边郡仍有设置，地位相当于郡。㉔ 建威：城名。故址在今青海贵德东。　㉕《沙州记》：一名《吐谷浑记》，南朝宋段国撰。《隋书·经籍志》列入霸史类，今散佚。　㉖ 吐谷(yù)浑：古代民族名。　㉗ 河属：河桥。据记载"河属"是吐谷浑语，"河"与汉语相同；"属"也应该来自汉语,疑即"桥"之音变,或因转译所致。古址在今青海隆务河东、循化西的古什群口,这里河面狭窄,两岸突起,为理想的建桥地点;一说在今西邻青海循化的甘肃积石山保安族东乡族撒拉族自治县大河家附近黄河上。 ㉘ 钩栏:栏杆。㉙ 严饰:严密。 ㉚ 清水川:今青海同仁、尖扎、循化境隆务河。一说即今循化东清水河。

　　本段主要根据《后汉书·西羌传》、《沙州记》删节连缀而成。东汉时的个别内容显得不够衔接。例如迷唐本是羌人,为什么又"与羌为仇",这里没有交代。《后汉书·西羌传》:"明年(永元十三年,101),迷唐复还赐支河曲。初,累姐种附汉,迷唐怨之,遂击杀其酋豪,由是与诸种为仇,党援益疏。其秋,迷唐复将兵向塞,周鲔与金城太守侯霸,及诸郡兵、属国湟中月氏诸胡、陇西牢姐羌,合三万人,出塞至允川,与迷唐战。"那么是迷唐羌与累姐羌等在归附朝廷问题上产生分歧,因此相互结怨,《水经注》删略过甚,以至语义不够清楚。又如《注》中与建威城前后相望,这里好像指的是屯田二十七部。《西羌传》:"于是拜凤为金城西部都尉,将徙士屯龙耆。后金城长史上官鸿上开置归义、建威屯田二十七部。"这件事发生在永元十四年(102)以后,在此之前已有归义城的记载,同书元和三年(86)"迷吾退居河北归义城",据此,开置的是归义、建威两城屯田,前后相首尾的也应该是这两个城。此处《注》系删节,还是根据他本《后汉书》,未能详明。

今青海柴达木盆地沙漠在吐谷浑族境内,当时称为

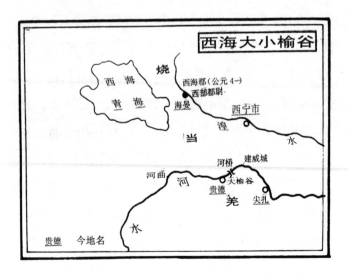

沙州,吐谷浑王阿豺自号沙州刺史,南朝刘宋等政权也曾封吐谷浑王为沙州刺史,所以记载吐谷浑史事的书称为《沙州记》。《注》中所引《沙州记》的记载,为4世纪时吐谷浑在黄河上游建造大桥的工程结构,留下了宝贵的记录。根据描写,这座桥的建造方法大致是:先在河两岸砌条石作为基座,当基座达到一定高度时,在两岸纵放平排的大原木,靠岸的一端各自用横排的大木压住,用同样的方法一层一层向上叠,并呈水平状一步一步向前延伸,直至合龙,然后铺上横木作桥板,在两边装上栏杆。这座黄河大桥利用力学原理,构思合理,结构巧妙。其构造形式,好像两人伸臂握手,又像凌空而过,所以这种桥梁后又有"握桥"、"飞桥"之称,是现代悬臂式桥梁的先驱,反映了吐谷浑人的高度智慧。据调查,上世纪中,甘肃陇南地区还有这种形式的桥梁。

四、洮水

本文选自卷二《河水注》。

洮河发源于今青海、甘肃交界处的西倾山，曲折北流至甘肃永靖（刘家峡）附近注入黄河。秦汉时是最早开发的边陲之地，秦置陇西郡于此。两汉时为汉、羌等族杂居地，后来吐谷浑也迁居到这里。传说大禹治水，西至洮水之上，反映了古代汉文化对当地影响的深刻。《水经注》夹叙了东汉时地方官在这里推广种植水稻的事迹，南北朝时活动在这一带吐谷浑族的源流，以及高山草甸、山体滑坡等地理景观和现象，其中山体滑坡还可和现实相印证。

河水又东，洮水①注之。《地理志》②曰：水出塞外羌中③。《沙州记》曰：洮水与垫江水④，俱出嶵台山⑤，山南即垫江源，山东则洮水源。《山海经》曰：白水⑥出蜀⑦。郭景纯注云：从临洮之西倾山，东南流入汉⑧而至垫江。故段国⑨以为垫江水也。洮水同出一山，故知嶵台，西倾之异名也。洮水东北流径吐谷浑中。吐谷浑者，始自东燕慕容⑩之枝庶，因氏其字，以为首类之种号也，故谓之野虏⑪。自洮嶵⑫南北三百里中，地草遍是龙须⑬而无樵柴。洮水又东北流径洮阳曾城⑭北，《沙州记》曰：嶵城⑮东北三百里有曾城，城临洮水者也。建初二年⑯，羌攻南部都尉⑰于临洮⑱，上遣行车骑将军⑲马防⑳与长水校尉㉑耿恭㉒救之，诸羌退聚洮阳，即此城也。洮水又东径洪和山㉓南，城㉔在四山中。洮水又东径迷和城㉕北，羌名也。又东径甘枳亭㉖，历望曲㉗，在临洮西南，去龙桑城^㉘二百里。洮水又东，径临洮县故城北。禹^㉙治洪水，西至洮水之上，见长人，受黑玉书于斯水上^㉚。洮水又东北流，屈而径索西城^㉛西。建初二年，马防、耿恭从五溪^㉜祥檻谷出索西，与羌战，破之，筑索西城，徙陇西南部都尉居之，俗名赤水城，亦曰临洮东城也。《沙州记》曰：从东洮至西洮一百二十里者也。洮水又屈而北，径龙桑城西而西北流。马防以建初二年从安故五溪出龙桑，开通旧路者也，俗名龙城。

洮水又西径步和亭^㉝东，步和川水^㉞注之。水出西山下，东北流出山，径步和亭北，东北注洮水。

洮水又北出门峡^㉟，历求厥川，蕈川水^㊱注之，水出桑岚西溪，东流历桑岚川，又东径蕈川^㊲北，东入洮水。

洮水又北历峡，径偏桥，出夷始梁，右合蕈

垯川水[38]，水东南出石底横下，北历蕈垯川，西北注洮水。

洮水又东北，径桑城[39]东。又北会蓝川水[40]，水源出求厥川西北溪，东北流径蓝川[41]，历水池城[42]北，东入洮水。

洮水又北，径外羌城[43]西，又北径和博城[44]东，城在山内，左合和博川水[45]，水出城西南山下，东北径和博城南，东北注于洮水。洮水北径安故县故城西，《地理志》陇西之属县也。《十三州志》[46]曰：县在郡南四十七里。盖延[47]转击狄道、安故五溪反羌，大破之，即此也。

洮水又北径降狄道[48]故城西，阚骃曰：今曰武始也。洮水在城西北下。又北陇水[49]注之，即《山海经》所谓滥水也，水出鸟鼠山[50]西北高城岭[51]，西径陇坻[52]，其山岸崩落者，声闻数百里，故杨雄[53]称响若坻颓[54]是也。又西北历白石山[55]下，《地理志》曰：降狄道东有白石山。滥水又西北，径武街城⑤南，又西北径降狄道故城东。《百官表》⑤曰：县有蛮夷谓之道⑤，公主所食曰邑⑤。应劭⑥曰：反舌⑥左衽⑥，不与华同，须有译言乃通也。汉陇西郡治，秦昭王二十八年⑥置。应劭曰：有陇坻在其东，故曰陇西也。《神仙传》⑥曰：封君达，陇西人，服炼水银，年百岁，视之如年三十许，骑青牛，故号青牛道士。王莽更郡县之名，郡曰压戎，县曰操虏⑥也。昔马援⑥为陇西太守六年，为狄道开渠，引水种粳稻，而郡中乐业，即此水也。滥水又西北流，注于洮水。

洮水右合二水，左会大夏川水⑥，水出西山，二源合舍而乱流，径金柳城⑧南，《十三州志》曰：大夏县西有故金柳城，去县四十里，本都尉治。又东北径大夏县⑥故城南，《地理志》王莽之顺夏，《晋书地道记》⑦曰：县有禹庙，禹所出也。又东北出山注于洮水。洮水又北，翼

带三水,乱流北入河。《地理志》曰:洮水北至
枹罕⑪东入河是也。

① 洮水:今洮河。　②《地理志》:指《汉书·地理志》。
③ 羌中:即羌地。《汉书·地理志》陇西郡临洮县下作:"洮
水出西羌中。"按照羌族分布地区,大致居住在今青海河曲以
东、甘肃渭河上游及洮河以西的为西羌,居住在今陕西、甘肃
东部、宁夏南部的为东羌。东羌是东汉时出现的称呼,按照渊
源,东羌还包括西汉时随匈奴南下的羌胡和东汉时内迁的西
羌。　④ 垫江水:今白龙江、白水江。　⑤ 嶍台山:今西倾
山。嶍,一作强。　⑥ 白水:今白龙江、白水江。　⑦ 蜀:泛
指以今四川成都平原为中心的广大地区,为古蜀国、秦蜀郡
地,故名。　⑧ 郭景纯注云三句:郭景纯即郭璞(276—324),
晋河东闻喜(今属山西)人,文学家、训诂学家。汉,即西汉水,
今嘉陵江。《山海经·海内东经》白水出蜀而东南注江下,郭
注全文为:源从临洮之西倾山来,经沓中,东流通阴平,至汉
寿县入潜。　⑨ 段国:南朝刘宋人,《沙州记》作者。　⑩ 东
燕慕容:慕容即慕容鲜卑,是鲜卑族的一支,源出秦以前的东
胡族,早期分布在今西拉木伦河流域,后逐步南迁到辽宁境

内。今河北北部和辽宁南部,战国时为燕国地,慕容氏根据地在辽宁南部,位于燕地东部,后又建立燕国,所以称为东燕。 ⑪ 野虏:一作阿柴虏,古代西北诸族对吐谷浑族的称呼,《晋书·吐谷浑传》:西北杂种谓之阿柴虏,或号为野虏焉。柴,或来自匈奴语"赀",《南齐书·河南传》:匈奴奴婢亡匿在凉州界杂种数千人,虏名奴婢为赀,一谓之赀虏。 ⑫ 洮蒙:地区名。指今洮河中上游流域,因洮水发源蒙台山,又名蒙川而得名。 ⑬ 龙须:今指蒉草,禾本科多年生草本,高可达1米。这里疑泛指高山灌丛草甸以禾本科、莎草科草类及杂草类为主的植物群落,植株可达40—60厘米,不一定专指龙须草。《清统志》巩昌府土产:"按《唐书·地理志》渭州、岷州土贡龙须席,今未闻。" ⑭ 洮阳曾城:故址在今甘肃临潭。《方舆纪要》卷六十洮州卫临潭城:即古洮阳城也,亦谓之曾城。但今临潭在洮河北,与《注》不符,未知孰是。 ⑮ 蒙城:故址约在今甘肃玛曲、碌曲一带。 ⑯ 建初二年:77年。 ⑰ 南部都尉:《汉书·地理志》陇西郡临洮县:南部都尉治也。 ⑱ 临洮:秦置县,西魏改置溢乐县,为岷州治。故址在今甘肃岷县。 ⑲ 车骑将军:隋代以前将军的称号,汉文帝元年(前179)始置。东汉章帝时,因征西羌,以舅马防为行车骑将军。　⑳ 马防:？—101 年,字江平,东汉著名军事家马援之子,扶风茂陵(今陕西兴平东北)人。曾任中郎将、城门校尉、车骑将军、光禄勋等职。　㉑ 长水校尉:汉武帝置,西汉时为八校之一,东汉后为五校之一,职掌宿卫禁兵。《续汉书·百官志》刘昭注引韦昭说:长水,盖关中小水名。　㉒ 耿恭:字伯宗,东汉扶风茂陵人。曾任戊己校尉、骑都尉、长水校尉等职。　㉓ 洪和山:在今甘肃临潭东。　㉔ 城:指洪和城。故址在今甘肃临潭东新城。洪和,一作侯和(《三国志·魏志·邓艾传》)。　㉕ 迷和城:故址在今甘肃卓尼东洮河南岸的木耳附近。迷和,一作泥和(《魏书·吐谷浑传》)。马长寿说:羌语称此城为迷和,汉语讹为泥和,二音在汉藏语中常互相转化(《氐和羌》)。　㉖ 甘枳亭:约在今甘肃卓尼东南、岷县西。枳,《初学记》卷八陇右道引《水经注》作根。㉗ 望曲:在今甘肃岷县西南。《通鉴》卷四十六章帝建初二年(77)作望曲谷。　㉘ 龙桑城:北魏太平真君六年(445)置龙城县,北周废。故址在今甘肃卓尼东北一带。　㉙ 禹:一称大禹、夏禹,相传舜命治理洪水,舜死后担任领袖,其子启建立了中国历史上第一个朝代夏朝。　㉚见长人二句:《寰宇记》卷一百五十五岷州溢乐县:岷山在县南一里,山黑无树木,其西有天女神,洮水经其下,即夏禹见长人受黑玉书处。宋溢乐县即今甘肃岷县。　㉛索西城:北魏曾置赤水县于此。故址在今甘肃岷县东北。　㉜五溪:在今甘肃陇西、渭源境。东汉时为先零羌居地,称为五溪羌。《后汉书·光武帝纪》李贤注引《续汉志》:陇西襄武县有五溪聚(今本《续汉书·郡国志》作五鸡聚),东汉襄武县在今陇西附近。下文又有安故五溪,安故,县名,西汉置,东汉末废,前凉复置,并为安故郡治,不久废。故址在今甘肃临洮南。熊会贞说:司马彪谓襄武有五溪聚,此谓安故五溪,不同;然襄武之西北即安故,地实相接也。马长寿据《十三州志》盖延击狄道、安故五溪反羌称:狄道(今甘肃临洮)、安故亦有五溪羌。　㉝步和亭:故址在今洮河与羊沙河汇合处一带。　㉞步和川水:今临潭、卓尼境的羊沙河。　㉟门峡:当在今渭源西南峡城一带。㊱蕈川水:今临潭、卓尼境的冶木河。　㊲蕈川:北魏有蕈川县,延兴四年(474)置,西魏废。故址约在今临潭的治力关一带。　㊳蕈垲川水:今甘肃渭源、临洮境的漫坝河、松树沟。　㊴桑城:约在今甘肃康乐东南。　㊵蓝川水:今甘肃康乐境的倒流河。按据上述洮水经过求厥川,北流西岸有蕈川水注入,再北流东岸有蕈垲川水注入,再北流西岸有蓝川水注入，水发源于求厥川西北。蕈川水和蓝川水都经过厥川，所以两条河流是相近的，现以蕈川水当今冶木河，蓝川水当今倒流河，和现在这一带的河流形势是相符的，但是两河间的洮河东岸并没有其他河流汇入，而今漫坝河、松树沟在倒流河汇洮河处以北，因此与《注》记述的次序不合，这里是山区，河流变迁不可能太大，可能是记载有误。　㊶蓝川：北魏太平真君八年（447）置郡，后改为县，西魏废。故址在今康乐南。㊷水池城：北魏太平真君四年（443）置郡，后改为县，西魏废。王仲荦说：按《隋书·地理志》谓水池后周以蕈川改，考《魏书·地形志》，洪和郡领水池、蓝川、蕈川三县，则水池、蕈川二县并立，非以蕈川改也。（《北周地理志》）故址在今甘肃临洮南。　㊸外羌城：故址在今甘肃临洮南。　㊹和博城：故址在今临洮南。　㊺和博川水：在今临洮南。　㊻《十三州志》：十六国北凉阚骃撰。是南北朝以前的一部地理总志。㊼盖延：？—39年，字巨卿，西汉末、东汉初要阳（今河北滦平西北一带）人。曾任虎牙将军、左冯翊等职。　㊽降狄道：秦置狄道县，为陇西郡治，《寰宇记》卷一百五十一兰州狄道县：《汉书·地理志》狄道属陇西，惠帝时改为武始郡，以狄道为降狄道，《十三州记》云降狄道，今曰武始。熊会贞说：《通鉴》晋建武元年,胡三省注引此无“降”字,盖胡氏误删。故址即今甘肃临洮。 ㊾ 陇水:今临洮北的东峪沟。 ㊿ 鸟鼠山:一作鸟鼠同穴山,即今甘肃渭源西南鸟鼠山。 (51) 高城岭:今渭源境渭河与东峪沟之间的分水岭。 (52) 陇坻:在今临洮东。 (53) 杨雄:前53—8年,字子云,西汉蜀郡成都(今属四川)人,文学家、哲学家、语言学家。杨,一作扬。 (54) 坻颓:滑坡。坻,山的倾斜面。颓,倒塌。《汉书·杨雄传》作坻隤,颜师古注:巴蜀人名山旁堆欲堕落曰坻,应劭以为天水陇氐,失之矣。 (55) 白石山:在今临洮东南。 (56) 武街城:晋末曾置县,后省。故址在今临洮东南武家。 (57)《百官表》:指《汉书·百官公卿表》。 (58) 道:汉代在少数民族聚居区设置的县一级地方行政机构。 (59) 邑:汉代皇太后、皇后、公主食租税的县一级地方行政机构。 (60) 应劭:字仲远,东汉汝南南顿(今河南项城西南南顿镇北)人。著有《汉书集解音义》、《风俗通义》等书。 (61) 反舌:古代指少数民族语言。《吕氏春秋·适威》高诱注:夷语与中国相反,故曰反舌也。 (62) 左衽:指少数民族。我国古代有些少数民族的服装,前襟向左掩,和中原一带人民的服装不同,故称。 (63) 秦昭王二十八年:前279年。 (64)《神仙传》:晋葛洪撰。 (65) 操虏:

王莽(前45—23)执政期间,大量更改全国地名,"一郡至五易名,而还复其故,吏民不能纪"(《汉书·王莽传》)。这里是指将降狄道县改名为操虏县。《水经注》中王莽改的县名,有的《汉书·地理志》也没有记载。　⑥⑥马援:前14—49年,字文渊,东汉扶风茂陵(今陕西兴平东北)人。军事家。曾任陇西太守、伏波将军等职。　⑥⑦大夏川水:今广通河。　⑥⑧金柳城:故址在今甘肃和政北的三合(蒿支沟)附近。　⑥⑨大夏县:西汉置,十六国时曾置大夏郡于此,唐属河州,末年废。故址在今甘肃广河西的刘家庄附近。　⑦⑩《晋书地道记》:晋王隐撰。为《晋书》中的一篇。　⑦①枹罕:秦置县,十六国后为河州治所,元废。秦、汉初故址在今甘肃临夏双城附近,后迁至今临夏市。

吐谷浑原为辽东慕容鲜卑的一支,游牧在今辽宁西南部一带。约4世纪初的西晋末年,酋长吐谷浑率领部落西迁,到其孙叶延时,建立政权,以吐谷浑为号。他们主要分布在今青海、甘肃南部和四川西北部等地,以游牧为主,也经营农业,上层政治制度、服饰模仿中原。虽僻处边隅,但对周围情况是很了解的,例如吐谷王阿豺曾登临洮水之源西倾山，观江源，问群臣，东流一条河叫什么名字，流向何方？臣下回答说，这条河名垫江（今白龙江、白水江，下游为嘉陵江），经仇池（今甘肃西和西南），出宕渠（今重庆合川），流到巴郡（今重庆市）注入长江。当时中原王朝南、北分裂，吐谷浑与南、北朝都

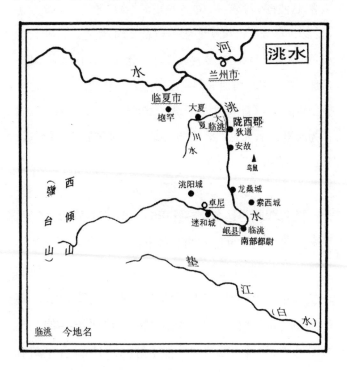

有频繁交往。隋唐时势力转衰，北宋以后在记载中消失。一部分即今土族的先民，一部分融合于汉、藏等族。《水经注》综合各书，详述其起源、迁移及得名。

洮河东北流到甘南临洮一带，谷地开阔，灌溉较发达。本段记载东汉著名军事家马援任陇西郡太守（治今临洮）时，在这里开渠引水，种植粳稻，说明临洮一带发展水利灌溉事业至少已有二千年历史。

洮河下游也是滑坡多发地区，1983 年甘肃东乡族自治县洒勒山曾发生大规模山崩，经兰州冰川冻土研究所等单位调查，认为这是滑坡所引起的。有关这一地区历史上的滑坡现象，《注》文中也有反映，陇水下说："其山岸崩落者，声闻数百里。"陇水就是今东峪河。洒勒山在今广通河支流巴谢河北，广通河即《注》中的大夏川水。东峪河和巴谢河同属洮河水系而又相距不远，这是洮河下游一带曾发生大规模滑坡现象的最早记载。其他对古代活动在洮河流域羌族、吐谷浑族的历史以及洮河上游高山草甸的记述，都很有参考价值。

五、青山峡至石崖山

本文选自卷三《河水注》。

黄河出今青铜峡后，进入银川平原，出现分汊水流，适宜开凿人工渠道，发展农业生产。由于古代地旷人稀，又为农耕与游牧交汇地带，正是移民实边的好地方，6世纪末，隋朝平陈后曾迁大批南方移民来此，从而促进了生产，繁荣了文化，当时有"塞北江南"的美誉。《水经注》成书于6世纪初，其中也透露出早在两汉至南北朝初期，这里已经引渠灌溉，移民屯垦，呈现出园林繁茂、民族杂居的情景。

河侧有两山相对，水出其间，即上河峡也，

世谓之为青山峡[①]。河水历峡北注，枝分东出。

河水又北，径富平县[②]故城西，秦置北地郡[③]，治县城[④]，王莽名郡为威戎[⑤]，县曰持武[⑥]。建武中，曹凤，字仲理，为北地太守[⑦]，政化尤异，黄龙应于九里谷高冈亭，角长三丈，大十围，梢[⑧]至十余丈。天子嘉之，赐帛百匹，加秩[⑨]中二千石[⑩]。

河水又北，有薄骨律镇[⑪]城在河渚[⑫]上，赫连[⑬]果城[⑭]也。桑果余林[⑮]，仍列洲上。但语出戎[⑯]方，不究城名。访诸耆旧[⑰]，咸言：赫连之世，有骏马死此，取马色以为邑号，故目[⑱]城为白马骝[⑲]。韵转之谬，遂仍今称[⑳]，所未详也。

河水又径典农城东，世谓之胡城[㉑]。又北径上河城东，世谓之汉城[㉒]。薛瓒[㉓]曰：上河在西河富平县，即此也。冯参[㉔]为上河典农都尉[㉕]所治也。

河水又北，径典农城东，俗名之为吕城[㉖]，皆参所屯，以事农畒^㉗。

河水又东北，径廉县^㉘故城东，王莽之西河亭，《地理志》曰：卑移山^㉙在西北。

河水又北，与枝津合。水受大河，东北径富平城，所在分裂，以溉田圃，北流入河，今无水。《尔雅》^㉚曰：滺，反入，言河决复入者也。河之有滺，若汉^㉛之有潜^㉜也。

河水又东北径浑怀障^㉝西，《地理志》浑怀都尉治塞外者也。太和初，三齐平，徙历下民居此^㉞，遂有历城之名矣。南去北地三百里。

河水又东北，历石崖山^㉟西，去北地五百里。山石之上，自然有文，尽若虎马之状^㊱，粲然成著，类似图焉，故亦谓之画石山也。

---

① 青山峡：今青铜峡。　② 富平县：秦置，东汉末废。故址在今宁夏吴忠市西南。　③ 北地郡：他本作北地都尉，或作北部都尉；杨守敬认为都尉二字是郡字之误，改为北地郡。根据下文王莽改郡名为威戎，杨说是正确的。　④ 冶县

城:《史记·匈奴列传》、《汉书·匈奴传》、《后汉书·西羌传》记载,周赧王四十三年(前272),秦灭义渠,置陇西、北地、上郡。义渠是战国时秦西北境的少数民族,秦与义渠曾进行长期的斗争,早在秦惠文君十一年(前327),秦已置义渠县,西汉北地郡有义渠道,故址在今甘肃宁县西北,这里原为义渠族的政治中心。秦以后,西汉治马领(今甘肃庆阳西北马岭),东汉治富平。本《注》明确记载秦北地郡治富平,或误以东汉制度为秦制。 ⑤威戎:今本《汉书·地理志》作威成。杨守敬云,《汉志》讹;谭其骧《新莽职方考》亦作威戎。 ⑥持武:持,今本《汉书·地理志》作特。钱坫《新斠注地理志》或本作特。 ⑦太守:秦汉地方行政区划实行郡县制,郡的长官称为太守。 ⑧梢:末端、末尾、尽头。 ⑨秩:俸禄。⑩中二千石:郡守俸禄号称二千石,中二千石比二千石要高。《汉书·宣帝纪》颜师古注:中者,满也。《续汉书·百官志》:中二千石奉,月百八十斛;二千石奉,月百二十斛(谷)。⑪薄骨律镇:北魏太延二年(436)置,孝昌中改为灵州。故址在今宁夏吴忠市。《元和志》灵州,回乐,郭下。2003年宁夏吴忠出土唐代墓志"殡于回乐县东原。"(《吴忠西郊唐墓》)⑫渚:小洲。 ⑬赫连:即赫连氏。十六国时期,匈奴铁弗部赫连勃勃(？—425)建立夏国,都统万城(今陕西靖边北白城子)。　⑭ 果城:果园。　⑮ 余林:《寰宇记》卷三十六灵州回乐县下引《水经注》作榆林。　⑯ 戎:泛指西北少数民族。　⑰ 耆旧:年高有声望的地方人士。　⑱ 目:名目,引申为称。　⑲ 骝:骏马。《寰宇记》卷三十六灵州回乐县下引《十六国春秋》:赫连勃勃时,有骏马死,即取毛色为号,故名其城曰白马骝。　⑳ 韵转之谬二句:意为薄骨律的名称是因将"白马骝"读错、音转而来的。韵,音韵。　㉑ 胡城:故址在今宁夏永宁西南。　㉒ 汉城:故址在今宁夏永宁北。　㉓ 薛瓒:晋人,曾注《汉书》。　㉔ 冯参:？—前6年,西汉上党潞县(今山西潞城东北)人。阳朔(前24—前21)中,任上河农都尉。　㉕ 典农都尉:汉武帝时置,主屯田积谷。《汉书·百官公卿表》、《续汉书·百官志》都作农都尉,《后汉书·梁统传》作典农都尉。　㉖ 吕城:故址在今宁夏银川市南。　㉗ 农甿:意为农业。甿,农村居民。　㉘ 廉县:西汉置,东汉末废。故址在今宁夏银川市西。　㉙ 卑移山:今贺兰山。　㉚《尔雅》:书名。汉初根据先秦文献编成,是我国最早解释词义的著作。　㉛ 汉:水名。今西汉水、汉水,古代称为西汉水、东汉水,也都可以称为汉水。这里指的是西汉水。　㉜潜：水名，名潜水的很多；也可解释为地下水。
㉝浑怀障：障，障塞。《元和志》卷四灵州怀远县：废灵武城，
在县东(西)北，隔河一百里。其城本蒙恬所筑，古谓之浑怀
障。故址在今宁夏平罗县陶乐西南。　㉞太和初三句：太和
(477—499)是北魏孝文帝的年号。三齐为古地区名，相当今
山东省大部分，因秦亡，项羽以齐国故地分别封齐王王族为
齐、胶东、济北三王得名。历下，原为春秋、战国齐邑，因城南
对历山(今山东济南市南千佛山)，在山之下而名，故址即今山
东济南市，西汉置历城县，后来成为历城的别名。　㉟石崖
山：今内蒙古伊克昭盟卓子山。　㊱虎马之状：今卓子山西
麓发现有虎、马、羊等各种图形的古代岩画。

今宁夏平原早在汉代就已利用这里有利的地理条
件，设置专门管理屯田事务的农都尉，负责进行开垦。
"所在分裂，以溉田圃，北流入河，今无水"，说明北魏以
前已有人工渠道，灌溉农田，不过当时已经废弃。十六
国时期，赫连勃勃建立的夏国在黄河河洲上营造果园，
一直到唐代还有桃李千株，郁郁葱葱，生长旺盛。这里
民族杂居，有胡城、汉城、历城等移民聚落，据《括地志》

灵州、《元和志》卷四灵州灵武县、《寰宇记》卷三十六灵州废弘静县下记载：这些聚落居民都是北魏时迁来的。胡城，一作胡地城，是北魏破赫连夏后，迁来的匈奴铁弗部聚居地；汉城原为旧薄骨律镇仓城，北魏立弘静镇，是从关东（今河南灵宝境古函谷关以东）迁来的汉人聚居地；历城是平定三齐后，从今山东迁来的汉人聚居地。不过历城居民迁来的时间上有些矛盾，北魏文献帝时，经过和南朝宋几年的战争，到皇兴三年（469），先后取得了冀州（今山东济南市）、青州（今山东青州市）等地，迁移二城民到平城（今山西大同市）西北设置平齐郡，见《魏书》显祖记、崔道固传、慕容白曜传，皇兴在太和前，所以与《注》中太和初三齐平不合，杨守敬认为：太和初，必亦有徙民之事，而史略之。郦氏溯厥由来，故有三齐平之说，特置于太和初之下，致成语病耳。按《水经注》作者郦道元在太和中已担任官职，当时人记当时事应该比较可靠，所以"太和初三齐平"这句话，虽然应该写作"三齐平，太和初"，但是当时迁历下民到这里是可信的。

关于《尔雅》"灉"即河决复入与"潜"的关系，牵涉到地理名词和地理现象。潜有两种解释。一是指具体水名，《禹贡》荆州、梁州都有潜，荆州潜水，《清统志》湖北安陆府山川下以为就是潜江县的芦洑河，这条河流现在已经堙没，约在今潜江市东及总口一带。梁州潜水，郑玄、《水经注》以为是源出巴郡宕渠县（今四川渠县东北）的潜水（今南江、巴河、渠江），《史记》司马贞索隐以为是发源在汉中的涔水（今陕西城固南堰沟河），《括地志》以为是利州绵谷县（今四川广元市）的龙门水（今浅溪河）。二是指河流性质，《尔雅》列举河出为灉、汉为潜、江为沱等十个名称，杜预注：皆大水溢出别为小水之名；王嘉荫认为是河决流出的水的各种不同名称，想来是方言的不同（《中国地质史料》）。《水经·潜水注》说："汉水枝分潜出，故受其称耳"，"西南潜出谓之伏水，或以为古之潜水。"在古代地理知识的朦胧时期，观察到有些河流是由地下水补给的，于是产生了河流重源说，认为有的河流潜入地下，以后又转向地上；有的是指伏流河。因此潜和河决又复入的汉河还是有区别的,所以《水经注》的解说不够妥帖。

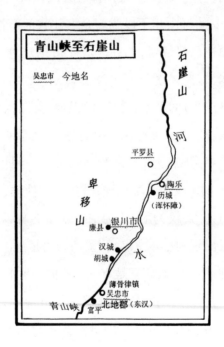

六、朔方郡四县

本文选自卷三《河水注》。

西汉武帝时设置的朔方郡三封县、临戎县、沃野县、窳浑县，东汉末都已废弃。《汉书·地理志》记载了这些县的设置年代、沿革和屠申泽的方位，但是《水经注》另外记下了上述县城与当时河流、湖泊的相对位置以及三封县和临戎县之间的距离、屠申泽的范围等，正是这些可贵的记录，成为二千多年后解开这几座县城和屠申泽、鸡鹿塞位置和这一段黄河变迁的钥匙。

河水东北，径三封县①故城东，汉武帝元狩三年②置。《十三州志》曰：在临戎县③西一百四十里。

河水又北,径临戎县故城西,元朔五年^④立,旧朔方郡治^⑤,王莽之所谓推武也。

河水又北,有枝渠东出,谓之铜口^⑥。东径沃野县^⑦故城南,汉武帝元狩三年立,王莽之绥武也。枝渠东注以溉田^⑧,所谓智通^⑨在我矣。

河水又北,屈而为南河出焉。河水又北迆西,溢于窳浑县^⑩故城东,汉武帝元朔二年开朔方郡,县即西部都尉治,有道自县西北出鸡鹿塞^⑪;王莽更郡曰沟搜,县曰极武。其水积而为屠申泽^⑫,泽东西一百二十里,故《地理志》曰:屠申泽在县东;即是泽也。阚骃谓之窳浑泽矣。

---

① 三封县:西汉置,东汉末废。故址在今内蒙古磴口(巴彦高勒镇)西北沙金套海苏木(苏木,蒙古语,原为旗以下军事行政单位,现相当于乡)境附近陶升井麻弥图土城。　② 元狩三年:前 120 年。　③ 临戎县:西汉置,东汉末废。故址

在今内蒙古磴口北补隆淖附近土城。　④元朔五年：前124年。　⑤朔方郡治：《河水注》下文说汉武帝元朔二年（前127）置朔方郡，筑朔方城，当时的朔方郡治应在朔方县（今内蒙古杭锦旗北）。《续汉书·郡国志》朔方郡首县是临戎县，同志的序文说：凡县名先书者，郡所治也。所以这里的临戎县是东汉的朔方郡治。　⑥铜口：今磴口北20多公里处。⑦沃野县：西汉置，东汉末废。故址在今内蒙古巴彦淖尔临河西南。　⑧溉田：汉武帝设置朔方郡后，移民屯垦，发展农田水利。《史记·河渠书》：用事者争言水利，朔方、西河、河西、酒泉皆引河及川谷以溉田；《平准书》：朔方亦穿渠，作者数万人；而上郡、朔方、西河、河西开田官，斥塞卒六十万人戍田之。《注》这里具体记载了黄河支渠的大致位置，可惜遗迹已无可寻。　⑨智通：智慧通达。　⑩窳浑县：西汉置，东汉废。故址在今内蒙古磴口北太阳庙（属杭锦后旗）南10公里处的保尔浩特土城。　⑪鸡鹿塞：汉代有名关塞，地处狼山山脉西南缘，为南北交通要冲。故址在今太阳庙西哈隆格乃山峡，峡南口距窳浑故址约20公里，南口两侧发现有汉代石城。　⑫屠伸泽：在今太阳庙周围，范围包括磴口、杭锦后旗交界一带，据说1950年以前还有湖泊，现地势仍较低洼。

石嘴山以北，狼山以东，黄河以西，现在为乌兰布和沙漠。20世纪60年代初，在内蒙古磴口以北、乌兰布和沙漠北部，发现被流沙部分湮没的三座汉代古城和大量汉墓以及汉代村落遗址与砖瓦、陶片、五铢钱等遗物，根据《水经注》的相关记载，确定这三座古城就是西汉设置的三封、临戎、窳浑县，同时也找到了屠申泽、鸡鹿塞的故址。在拟定的临戎古城以西，还发现多条古河道遗迹，解决了《注》文中黄河流经临戎县以东（今遗址在黄河西）的矛盾，说明这一带黄河，汉代以来曾不断地向东迁移。只是沃野县没有发现任何遗迹，可能黄河改道时，这座县城已被汹涌的河水吞噬了。

这些人类活动遗迹的发现和复原，说明了汉代以前这里曾是一片大草原，后来又一度开发成富庶的农业区，东汉以后由于农耕势力的退出，长期的风力作用，剥蚀了上面一层浅薄的土壤，使下伏沙层翻到地面，逐步演变为流沙覆盖的绵绵沙区，三座古城从此沉寂了近二千年，正是《水经注》的记录，才得以恢复它们的历史面貌。

七、南河、北河、阴山

本文选自卷三《河水注》。

今内蒙古磴口以北,黄河逐渐折向东流,至托克托附近又转而南下,战国时统称北河,北面是绵亘约一千公里的阴山山脉,阴山和黄河之间是一片狭长的平原,西为河套平原,东为吐默川平原。这里长时期为游牧民族和农业民族交错分布的地带,阴山既是农耕民族北面的屏障,也是和北方游牧民族相互往来的通道。长城、高阙、北假、新秦中、白道等等,展示了这一地区绚丽的历史画卷。

河水又屈而东流,为北河。汉武帝元朔二

年,大将军卫青①,绝梓岭②,梁北河③是也。

[东径高阙南]

《史记》:赵武灵王④既袭胡服,自代⑤并⑥阴山⑦下,至高阙⑧为塞。山下有长城,长城之际,连山刺天⑨,其山中断,两岸双阙,峨然云举,望若阙焉。即状表目,故有高阙之名也。自阙北出荒中⑩,阙口有城,跨山结局⑪,谓之高阙戍。自古迄今,常置重捍,以防塞道。汉元朔五年,卫青将十万人,败右贤王⑫于高阙,即此处也。

河水又东,径临河县⑬故城北。汉武帝元朔三年,封代恭王子刘贤为侯国⑭,王莽之监河也。

[至河目县西]

河水自临河县东径阳山⑮南,《汉书注》曰⑯:阳山在河北,指此山也。东流径石迹阜⑰西,是阜破石之文,悉有鹿马之迹,故纳斯称

焉。南屈径河目县[18]故城西，在北假[19]中，地名
也。自高阙以东，夹山带河，阳山以往，皆北假
也。《史记》曰：秦使蒙恬[20]将十万人，北击胡，
度河取高阙，据阳山北假中是也。北河又南，
合南河，南河上承西河[21]，东径临戎县故城北，
又东径临河县南，又东径广牧县[22]故城北，中部
都尉[23]治，王莽之盐官也。径流二百许里，东会
于河。

河水又东，径马阴山[24]西，《汉书音义》[25]
曰：阳山在河北，阴山在河南，谓是山也，而即
实不在河南。《史记音义》曰：五原安阳县[26]北
有马阴山，今山在县北[27]，言阴山在河南，又传
疑之非也。余按南河、北河及安阳县以南，悉
沙阜[28]耳，无佗异山。故《广志》[29]曰：朔方郡北
移沙[30]七所，而无山以拟之，是《音义》之僻也，
阴山在河东南则可矣。

河水又东南，径朔方县[31]故城东北，《诗》

阴　山

所谓城彼朔方㉜也。汉元朔二年大将军卫青取
河南地为朔方郡，使校尉苏建筑朔方城，即此
城也，王莽以为武符者也。按《地理志》云：金
连盐泽㉝、青盐泽㉞并在县南矣。又按《魏土地
记》㉟曰：县有大盐池，其盐大而青白，名曰青
盐，又名戎盐，入药分。汉置典盐官。池去平
城㊱宫千二百里，在新秦㊲之中。服虔㊳曰：新
秦，地名，在北，方千里；如淳㊴曰：长安以北，
朔方以南也；薛瓒曰：秦逐匈奴，收河南地，徙

民以实之,谓之新秦也。

[屈南过五原西安阳县南]

河水自朔方东转,径渠搜县⁴⁰故城北,《地理志》朔方有渠搜县,东部都尉治,王莽之沟搜亭也。《礼·三朝记》曰:北发渠搜,南抚交趾⁴¹;此举北对南,《禹贡》之所云析支⁴²、渠搜矣。

河水又东,径西安阳故县城南,王莽更之曰鄣安矣。

河水又东,径田辟城⁴³南,《地理志》曰:故西部都尉治也。

[屈东过九原县南]

河水又东,径成宜县⁴⁴故城南,王莽更曰艾虏也。

河水又东,径原亭城⁴⁵南,阚骃《十三州志》曰:中部都尉治。

河水又东,径宜梁县⁴⁶之故城南,阚骃曰:

五原西南六十里，今世谓之石崖城。

河水又东，径副阳城㊼南，东部都尉治。又东径河阴县㊽故城北。又东径九原县㊾故城南，秦始皇置九原郡治此，汉武帝元朔二年更名五原也，王莽之获降郡成平县矣。西北接对一城，盖五原县㊿之故城也，王莽之填河亭也。《竹书纪年》㉝云：魏襄王十七年㉜，邯郸㉝命吏、大夫、奴迁于九原，又命将军、大夫、適子、戍吏皆貉服㊴矣。其城南面长河，北背连山，秦始皇逐匈奴，并河以东，属之阴山，筑亭障为河上塞。徐广《史记音义》曰：阴山在五原北，即此山也。始皇三十三年㉟，起自临洮㊱，东暨辽海㊲，西并阴山，筑长城及南越㊳也。昼警夜作，民劳怨苦，故杨泉㊴《物理论》曰：秦始皇使蒙恬筑长城，死者相属。民歌曰："生男慎勿举，生女哺用脯㊿。不见长城下，尸骸相支拄㉑。"其冤痛如此矣。蒙恬临死

秦 长 城

曰：夫起临洮，属辽东，城堑⁶²万余里，不能不绝地脉，此固当死也。

[又东过临沃县南]

王莽之振武也。河水又东，枝津出焉。河水又东流，石门水⁶³南注之，水出石门山⁶⁴，《地理志》曰：北出石门鄣；即此山也。西北趣光禄城⁶⁵，甘露三年⁶⁶，呼韩邪单于⁶⁷还，诏遣长乐卫尉⁶⁸高昌侯董忠、车骑都尉⁶⁹韩昌等将万六千骑送单于，居幕南⁷⁰，保光禄，徐自为所筑城也,故城得其名矣。城东北即怀朔镇㉑城也。其水自障东南流,径临沃城㉒东,东南注于河。

河水又东,径稒阳县㉓故城南,王莽之固阴也。河水决其西南隅,又东南,枝津注焉。水上承大河于临沃县,东流七十里,北溉田,南北二十里,注于河。

河水又东,径塞泉城㉔南而东注。

① 卫青:?—前106年,字仲卿,西汉河东平阳(今山西临汾市西南)人。武帝卫皇后弟,曾多次统率军队出击匈奴。
② 绝梓岭:绝,《史记·卫将军骠骑列传》裴骃集解引如淳说:"度也。"梓岭,今地不详。 ③ 梁北河:在北河上造桥梁。
④ 赵武灵王:?—前295年,战国时赵国君,前325—前299年在位,执政时期,锐意改革,改穿胡服,学习骑射,国势强盛,但没有选好接班人,后来发生内乱,饿死宫中。 ⑤ 代:春秋代国,战国初为赵国所灭。秦灭赵置郡。中心在今河北蔚县东北。 ⑥ 并:依傍,沿。 ⑦ 阴山:今内蒙古大青山、乌拉山。 ⑧ 高阙:阙是古代宫殿、祠庙和陵墓前的高建筑物,

通常左、右各一座。高阙因两山之间有空缺,山高如阙,故名。
⑨ 刺天:形容山峰高耸,像刺破云天一样。 ⑩ 荒中:荒僻
的地方。 ⑪ 跨山结局:意为城依山势修成。 ⑫ 右贤王:
匈奴高级官吏的名称。最高首领单于之下设左、右贤王。
⑬ 临河县:西汉置,东汉废。故址在今内蒙古巴彦淖尔临河
北一带。 ⑭ 侯国:汉代制度封爵分二等,大的为王,一称诸
侯王;小的为侯,一称彻侯,武帝时避讳改称列侯。王的封地
就是王国,侯的食邑就是侯国。侯国的领域一般比县小,有的
是原来的一县之地。行政地位上侯国和县是相等的,侯国的
长官叫做侯相,由朝廷派遣任命,地位也和县的长官令或长相
同。侯只食租税,不理民事,有罪罢黜或者绝嗣,侯国一般就
罢并入原来的县。代恭王,《史记·建元已来王子侯者年表》、
《汉书·王子侯表》和《文三王传》都作代共王,《文三王传》颜
师古注:"共读曰恭。" ⑮ 阳山:即今内蒙古狼山山脉,因为
原来在黄河正流的北岸,水北为阳,故名。 ⑯《汉书注》曰:
《注疏》本作《史记音义》曰。疏说朱作《汉书注》曰,全、赵、戴
同;守敬按,此徐广《史记音义》文,非《汉书注》也。详见下
注。 ⑰ 石迹阜:今狼山山脉发现许多岩画,尤其是乌拉特
中旗西南的乌加河镇以北一带山上,岩画最为密集,其中有

鹿、马、牛、羊、狩猎等各种图案,位置与此相合。 ⑱河目县:西汉置,东汉废。故址在今内蒙古乌拉特前旗境的乌梁素海东北一带。 ⑲北假:地区名。指今内蒙古河套以北、阴山以南广大地区。《史记·匈奴列传》裴骃集解:北假,北方田官。主以田假与贫人,故云北假。《汉书·王莽传》:五原北假膏壤殖谷,异时常置田官。 ⑳蒙恬:?—前210年。秦名将,曾率兵出击匈奴,并修筑长城,秦二世时被迫自杀。 ㉑西河:指今宁夏至内蒙古碛口一带南北向的一段黄河。 ㉒广牧县:西汉置,约东汉末内迁。故址在今内蒙古杭锦旗北、乌拉特前旗西黄河沿岸。 ㉓中部都尉:各本中作东,《注疏》本作中。熊会贞说:河水东流,先径广牧,后径渠搜,则广牧在西,渠搜在东,而广牧下云,东部都尉治,渠搜下云,中部都尉治,是东部反在中部之西矣,检《汉志》亦然。《元和志》九原县,本汉之广牧旧地,中部都尉所理。则广牧之为中部,渠搜之为东部,审矣。段熙仲校记:或本《元和志》亦是孤文单证,正文不宜轻改。 ㉔马阴山:即阴山。今大青山、乌拉山。 ㉕《汉书音义》:《注疏》本作《史记音义》。疏说守敬按,《史记·蒙恬传》裴骃集解引徐广曰,五原西安阳县北,有阴山,阴山在河南,阳山在河北;《匈奴传》司马贞索隐亦引徐说此三句;郦氏下引西安阳句作《史记音义》是,而上引阳山句作《汉书注》,此引阳山、阴山二句作《汉书音义》,误也,今订正。按:据裴骃《史记集解》序、《隋书·经籍志》,北魏前有《汉书注》、《汉书音义》,《汉书音义》又有数种,或所引今已不传;又改作接连二次提到《史记音义》,和《水经注》的文风也不甚相符,熊会贞说:郦氏好奇,往往有事同出一书,而复引他书以示博者。所以前一句如作《史记音义》曰,后一句一般应写作徐广曰,后文阚骃《十三州志》曰,接着便作阚骃曰,即为一例。无版本依据,似可出校记说明,不宜改动原文。

㉖ 安阳县:《汉书·地理志》作西安阳。西汉置,东汉末废。故址在今内蒙古乌拉特前旗东。　㉗ 今山在县北:《注疏》本作今县在河北。疏说朱讹作今山在县北,赵、戴同;守敬按,山在县北,与徐广(按指《史记音义》)言安阳县北有阴山无异,何足以驳阴山在河南之说?考河水径西安阳故城南,则县在河北,审矣,山又在县北,则阴山不在河南可知,今订正。此郦氏妙语解颐,不知何时庸妄人改为山在县北,赵、戴囫囵读过,毫不致疑,何论他人?按:杨改今县在河北,固然可通,但也不一定符合《注》文原意。《注》上文引《音义》阴山在河南,已指出"实不在河南";《注》下文提到黄河经西安阳南,既然

西安阳在黄河之北，阴山又在县北，则山必在河北而不在河南，不言自明，《注》引《史记音义》安阳县北有马阴山，这是文献根据，又说山在县北，这是他自己的话，正如下文说南河以南都是沙阜，又引《广志》朔方郡（在南河及广义北河东段以南）北有移沙，如按杨氏逻辑引《广志》有移沙即可，不必在说南河以南有沙阜了。郦道元在太和十八年（494），曾经随孝文帝到过阴山一带，"阴山实不在河南"、"余按南河、北河及安阳县以南悉沙阜耳"、"今山在县北"，都应是或可能是他自己耳闻目见的情况，所以在文中特别强调。何况这里的阴山是与阳山相对得名。谭其骧说：徐广云"阴山在河南"，其意盖谓对"阳山"而言，彼在河之北，此在河之南，其所谓"河"，专指介于两山之间之"河"，即今之乌加河。但其言过简，若不事审核，难免不解作全山悉在河南（《阴山》）。《注》说"言阴山在河南，又传疑之非也"，语气之间似也有这种误解，不过他对当地的地理情况是很清楚的，所以指出"阴山在河南"的病语，言"阴山在河东南则可矣"。这里的河就是相当今天的乌加河。据前后文阳山是指今阴山山脉西段狼山，在当时黄河正流北河（今乌加河）北，阴山是指今阴山山脉东段的大青山、乌拉山，在北河东南，但也在广义的北河北，即今乌加河和黄河汇合处以东的黄河以北。　㉘沙阜：沙丘。　㉙《广志》：郭义恭撰。　㉚移沙：流动沙丘。　㉛朔方县：西汉置，东汉末废。故址在今内蒙古杭锦旗北。唐代称为什贲故城，什贲就是朔方的音转。　㉜朔方：古代称北方为朔，朔方郡、朔方县当得名于此。但《诗经》朔方是泛指北方，而不是具体地名。　㉝金连盐泽：今内蒙古杭锦旗北查干淖尔。　㉞青盐泽：今内蒙古杭锦旗北盐海子。　㉟《魏土地记》：北魏早期地理总志，作者佚名。《隋书·经籍志》有《大魏诸州记》，《旧唐书·经籍志》有《魏诸州记》，《新唐书·艺文志》有《后魏诸州记》，《元和志》卷十五河东道长子县下有《后魏风土记》，《太平御览》卷四十五地部有《后魏舆地图风土记》、《后魏兴国土地记》，或与《魏土地记》是一书。　㊱平城：今山西大同市。　㊲新秦：一称新秦中，即河南地。　㊳服虔：字慎，东汉河南荥阳(今河南荥阳市东北)人。曾任尚书侍郎、高平令、九江太守等职，著有《汉书音训》。　㊴如淳：三国魏冯翊(今陕西大荔)人，曾任陈郡丞。　㊵渠搜县：西汉置，东汉废，北魏太和二年(478)又置县，末年废。故址在今内蒙古杭锦旗北。　㊶《礼·三朝记》曰三句：熊会贞说：钱大昕曰，《大戴礼·少间》篇海外肃慎、北发、渠搜、氐羌来服之文,凡四见,而南抚交趾仅一见,其文又不相属,则非以南北对举明矣。孔子三见哀公,为《三朝记》七篇,今在《大戴礼》即《千乘》、《四代》、《虞戴德》、《诰志》、《小辨》、《用兵》、《少间》七篇也。瓒何不考而妄为此说(按《汉书·武帝纪》颜师古引臣瓒说:《孔子三朝记》云北发渠搜,南抚交趾)乎?惟《公孙弘传》载元光五年制词,有北发渠搜,南抚交趾之语,明以南北相对,此实制词之误。渠搜西域之国,以为北方,亦未通于地理。然则臣瓒承用武帝制词,虽本《三朝记》之文,而非《三朝记》之义,又不知《三朝记》之渠搜即《禹贡》之渠搜,而谬以为朔方之渠搜。郦氏未遑参稽而遂沿之。交趾(阯),泛指五岭以南地区。　㊷ 析支:古民族名、地区名。在今青海河曲一带。　㊸ 田辟城:故址在今内蒙古乌拉特前旗东。　㊹ 成宜县:西汉置,东汉末废。故址在今内蒙古乌拉特前旗东。㊺ 原亭城:故址在今内蒙古乌拉特前旗东。亭,《汉书·地理志》作高。　㊻ 宜梁县:西汉置,东汉末废。故址在今内蒙古乌拉特前旗东。　㊼ 副阳城:故址在今内蒙古乌拉特前旗东。副,《汉书·地理志》作稒,杨守敬说,稒阳为副阳之误。㊽ 河阴县:西汉置,东汉末废。故址在今内蒙古达拉特旗西。㊾ 九原县:秦置,为九原郡治所,西汉为五原郡治所,东汉末内迁。故址在今内蒙古包头市西。　⑳五原县：西汉置，东汉末废。故址在今内蒙古包头市西北。　㉑《竹书纪年》：晋太康二年(281)汲郡(今河南卫辉市西南)魏襄王墓出土，为编年体史书，叙夏、商、周、春秋晋国和战国魏史事，因为原来写在竹简上，故名。宋时佚失，赖《水经注》等书引用，才得以部分流传。今本为后人辑录，称《古本竹书纪年》。　㉒魏襄王十七年：前302年。　㉓邯郸：战国时赵国国都。故址在今河北邯郸市。　㉔貉服：胡服。貉，即貊，古民族名。㉕始皇三十三年：前214年。　㉖临洮：故址在今甘肃岷县。《通典·州郡》岷州：蒙恬筑长城所起也，属陇西郡，长城在今郡西二十里。《史记·匈奴列传》张守节正义引《括地志》秦陇西郡临洮县，即今岷州城。本秦长城首，起岷州西十二(《元和志》卷三十九作二十)里，延袤万余里，东入辽水。唐岷州即今岷县。《史记·秦始皇本纪》司马贞索隐：临洮在陇西。秦陇西郡治在今临洮，经调查今临洮有秦长城遗址。岷县却没有发现任何遗迹，因此，一说秦临洮就是现在的临洮而不是岷县。　㉗辽海：泛指今东北地区，因辽河得名。秦长城东端在今朝鲜境内。《晋书·地理志》乐浪郡遂城县：秦筑长城之所起;《史记·夏本纪》司马贞索隐引《太康地理志》：乐浪遂城县有碣石山，长城所起；《通典·边防》高句丽：碣石山在汉乐浪郡遂城县，长城起于此山，今验长城东截辽水入高丽，遗址犹存。汉晋遂城县在今朝鲜平壤市西南。

㊿ 南越：相当今岭南广大地区，秦末南海龙川（今广东龙川西）令尉佗自立为王，武帝元鼎六年（前111）为汉所灭。《史记·秦始皇本纪》：三十四年，适治狱吏不直者，筑长城及南越地。张守节正义：谓戍五岭，是南方越地。意思是秦始皇将办事不公正的狱吏，遣送去筑长城或戍南越地，《注》文省略了"适治狱吏不直者"数字，容易误解为筑长城至南越，非是。

㊾ 杨泉：字德渊。三国、晋时梁国（今河南商丘市南）人，著有《物理论》十六卷，宋时佚。　㉕ 生男慎勿举二句：意为生了男孩不用抚养大，生了女孩要好好抚育。言外之意是如果让男孩长大后去筑长城，不如生个女孩好。举，抚养。哺，喂食。脯，干肉。　㉖ 支拄：堆在一起。形容修筑长城死人之多。　㉗ 堑：挖掘，填土。《史记·匈奴列传》："因边山险堑溪谷。"利用自然形势，在山的崖壁上挖掘填土修筑墙身。

㉘ 石门水：今内蒙古包头市昆都仑河。　㉙ 石门山：今昆都仑河发源处大青山。　㉚ 光禄城：一作光禄塞（《汉书·匈奴传》）。西汉徐自为所筑，因徐自为任主管宫殿门户的光禄

勋官职,故名。故址在今乌拉特前旗东北、包头市前口子北的昆都仑河西岸。　⑥甘露三年:前51年。　⑥呼韩邪单于:匈奴王。前58—前31年在位。在位期间执行和汉朝亲善政策,曾多次到长安。单于,是匈奴最高首领的称号。⑧长乐卫尉:官名。职掌长乐宫的屯卫兵。　⑥车骑都尉:官名。职掌车骑和郡国车士。　⑦幕南:漠南。幕,通漠,即沙漠。　⑦怀朔镇:北魏延和二年(433)在朔州置镇,后改为怀朔,是当时防御柔然族南下的六个镇之一。故址在今内蒙古固阳东北白灵淖乡。　⑦临沃城:县名。西汉置,东汉末废。故址在今内蒙古包头市南麻池乡汉代古城。昆都仑河出山口后,下游进入冲积扇平原,这一段河道历史上有变迁,现在昆都仑河在古城西注黄河,和《水经注》时代不同。⑦稒阳县:西汉置,东汉废。和上文提到的副(稒)阳城不是一个城。故址在今包头市东古城湾乡汉代古城。　⑦塞泉城:故址约在今包头市东。

[又东过云中桢陵县南,又东过沙南县北,从县东屈,南过沙陵县西]

　　大河东径咸阳县①故城南,王莽之贲武也。

河水屈而南流,白渠水②注之,水出塞外,西径定襄武进县③故城北,西部都尉治,王莽更名伐蛮,世祖建武中,封随宪为侯国也。白渠水西北径成乐城④北,《郡国志》⑤曰:成乐故属定襄也。《魏土地记》曰:云中城东八十里有成乐城,今云中郡治,一名石卢城也。白渠水又西径魏云中宫南。《魏土地记》曰:云中宫⑥在云中故城东四十里。白渠水又西南,径云中故城⑦南,故赵地。《虞氏记》⑧云:赵武侯⑨自五原河曲⑩筑长城,东至阴山,又于河西筑大城,一箱⑪崩不就,乃改卜阴山河曲⑫而祷焉。昼见群鹄游于云中,徘徊经日,见大光在其下,武侯曰:此为城乎?乃即于其处筑城,今云中城是也。秦始皇十三年⑬,立云中郡⑭,王莽更郡曰受降,县曰远服矣。白渠水又西北,径沙陵县⑮故城南,王莽之希恩县也。其水西注沙陵湖⑯。又有荒干水⑰,出塞外,南径钟山,山即阴山。故郎中侯应言于汉曰：阴山东西千余里，单于之苑囿也；自孝武出师，攘之于漠北，匈奴失阴山，过之未尝不哭；谓此山也。其水西南径武皋县[18]，王莽之永武也。又南径原阳县[19]故城西，又西南与武泉水[20]合。其水东出武泉县[21]之故城西南，县即王莽之所谓顺泉者也。水南流，又西屈径北舆县[22]故城南，按《地理志》五原有南舆县[23]，王莽之南利也，故此加北，旧中部都尉治。《十三州志》曰：广陵[24]有舆[25]，故此加北；疑太疏远也。其水又西南入芒干水[26]，又西南径白道南谷口，有城在右，萦带长城，背山面泽，谓之白道城[27]。自城北出有高阪，谓之白道岭[28]。沿路惟土穴出泉，挹[29]之不穷。余每读《琴操》，见《琴慎相和雅歌录》云：饮马长城窟[30]。及其扳[31]陟斯途，远怀古事，始知信矣，非虚言也。顾瞻左右，山椒[32]之上，有垣若颓基焉，沿溪亘岭，东西无极，疑赵武灵王之所筑也。荒干水又西南，径云中城北，白道中溪水③注之，水发武川北塞中，其水南流径武川镇㉞城，城以景明中筑㉟，以御北狄㊱矣。其水西南流，历谷，径魏帝行宫东，世谓之阿计头殿。宫城在白道岭北阜上。其城圆角而不方，四门列观，城内惟台殿而已。其水又西南，历中溪出山西南流，于云中城北南注芒干水。芒干水又西，塞水㊲出怀朔镇东北芒中，南流径广德殿西山下。余以太和十八年㊳，从高祖㊴北巡，届于阴山之讲武台。台之东有《高祖讲武碑》，碑文是中书郎高聪㊵之辞也。自台西出，南上山，山无树木，惟童阜耳，即广德殿所在也。其殿四注两厦㊶，堂宇绮井㊷，图画奇禽异兽之象。殿之西北，便得焜煌堂，雕楹㊸镂桷㊹，取状古之温室㊺也。其时帝幸㊻龙荒㊼，游鸾㊽朔北，南秦王仇池杨难当㊾，舍蕃委诚，重译㊿拜阙，陛见之所也，故殿以广德为名。魏太

平真君三年,刻石树碑,勒宣时事。碑颂云:
肃清帝道,振摄四荒[51];有蛮有戎,自彼氐羌;无
思不服,重译稽颡[52]。恂恂[53]南秦,敛敛[54]推
亡[55];峨峨[56]广德[57],奕奕[58]焜煌[59]。侍中、司徒、
东郡公崔浩[60]之辞也。碑阴题宣城公李孝伯、
尚书卢遐等从臣姓名,若新镂焉[61]。其水历谷
南出山,西南入芒干水。芒干水又西南注沙陵
湖,湖水西南入于河。

　河水南入桢陵县[62]西北缘胡山,历沙南
县[63]东北两山二县之间而出。余以太和中为尚
书郎,从高祖北巡,亲所径涉。县在山南,王莽
之桢陆也,北去云中城一百二十里。县南六十
许里,有东西大山,山西枕河,河水南流,脉水
寻经,殊乖川去之次[64],似非关究也。

　①咸阳县:西汉置,东汉末废。故址在今内蒙古土默特
右旗东。　②白渠水:今内蒙古托克托县境内的宝贝河,现

在河道由和林格尔汇合诸水,至黑沙兔入托克托,经大水营、东大圪达、西大圪达注什拉乌素河。 ③定襄武进县:定襄,郡名,西汉分云中郡置,治成乐。东汉移治善无(今山西右玉南),末年废。武进县,西汉置,东汉末年废,故址在今内蒙古和林格尔东北。 ④成乐城:故址在今内蒙古和林格尔北土城子。 ⑤《郡国志》:书名。晋司马彪撰,是《续汉书》中的一部分,后来和范晔《后汉书》合成一书。 ⑥云中宫:根据本文两引《魏土地记》云中城东八十里,有成乐城,云中宫在云中故城东四十里;所以云中宫也在成乐城西四十里。成乐城故址在今和林格尔北城子,其西四十里,约在今巧克什营乡境。 ⑦云中故城:故址在今内蒙古托克托东北古城乡古城。 ⑧《虞氏记》:杨守敬说《虞氏记》无考,疑是虞喜《志林》。又卢植有《冀州风土记》,此注或即指卢氏书,卢、虞形近致讹。《寰宇记》冀州下引作虞植《冀州风土记》,即其证也。但此地后汉属并州,卢植盖就古冀州为说乎?按:虞喜《志林》,又作《志林说》(《太平御览》引书目)。 ⑨赵武侯:战国赵筑长城的是武灵王,《史记·匈奴列传》:赵武灵王筑长城,自代并阴山下,至高阙为塞。赵武侯《史记·赵世家》作武公,《通鉴》作武侯,根据《史记》、《通鉴》纪年,前400—前

387年在位。《赵世家》：九年烈侯卒，弟武公立。武公十三年卒，赵复立烈侯太子章，是为敬侯。司马贞索隐引谯周说：《世本》及说赵语者，并无其事，盖别有所据。杨宽考订：查《魏世家》索隐引《纪年》说：魏武侯元年当赵烈侯十四年。可知赵烈侯九年并未去世，《史记》所说弟武公立事，是不可信的。《赵世家》说赵烈侯名籍，赵敬侯名章，只是武公没有名字，而且赵烈侯、赵敬侯都称侯，何以其中会夹着一个称公的国君呢？分明是《史记》中多出了武公这一代，把赵烈侯年世划分了十三年给武公（《战国大事年表中有关年代的考订》）。
⑩ 五原河曲：汉有五原郡。五原河曲应指今乌加河向南转折处。 ⑪ 一隅：《寰宇记》卷三十八胜州下作"一隅"。
⑫ 阴山河曲：阴山即今大青山，阴山河曲应指今托克托附近黄河向南转折处。 ⑬ 秦始皇十三年：前234年。 ⑭ 云中郡：战国赵置，《史记·匈奴列传》：赵武灵王筑长城自代并阴山下，置云中郡。秦始皇十三年当为复置，东汉末废。
⑮ 沙陵县：西汉置，东汉末废。因境内有沙丘得名。故址在今托克托西北约4公里的中滩乡哈拉板申村。 ⑯ 沙陵湖：在今托克托北七星村南一带。隋唐名金河泊，明名天瑞泊，清名黛山湖，今名七星湖，现湖已干涸。 ⑰ 荒干水：今大黑

河。　⑱武皋县：西汉置，东汉废。故址在今内蒙古卓资西北。　⑲原阳县：西汉置，东汉末废。故址在今内蒙古呼和浩特市东南。　⑳武泉水：今小黑河。　㉑武泉县：西汉置，东汉末废。故址在今呼和浩特市东北。　㉒北舆县：西汉置，东汉末废。故址在今呼和浩特市。　㉓南舆县：西汉置，东汉废。故址在今内蒙古准格尔旗东。舆，今本《汉书·地理志》作兴。　㉔广陵：郡、国名。西汉元狩二年（前121）改江都国为广陵郡，六年分广陵郡地置临淮郡和广陵国，广陵国治广陵（今江苏扬州市西北），三国魏移治淮阴（今淮安市淮阴区西南），东晋仍旧治广陵，隋初废。　㉕舆：县名。西汉属临淮郡，东汉、西晋属广陵郡，南宋并入江都县。故址在今扬州市西南，这里说的"广陵有舆"是东汉、西晋时的制度。㉖芒干水：即荒干水。　㉗白道城：故址在今呼和浩特市西北坝口子附近。　㉘白道岭：在今呼和浩特市西北，为阴山南北重要通道。因道路土色灰白，故名。《寰宇记》卷四十九云州云中县下引《冀州图》说：白道川当原阳镇北，欲至山上，当路有千余步地，土白如石灰色，遥去百里即见之，即是阴山路也。　㉙挹：舀，汲取。　㉚余每读《琴操》三句：东汉桓谭、蔡邕，晋孔衍都撰有《琴操》，见《隋书·经籍志》、《旧唐书·经籍志》、《太平御览》等。相和，汉旧歌。饮马长城窟，古诗习惯以首句为题，有《饮马长城窟》，《文选》作佚名，《玉台新咏》作蔡邕，《玉台新咏》清吴兆宜笺注说：相和歌辞瑟调曲，邕本集亦载，《乐府》作古辞，《文选》亦作古辞，注言古诗，不知作者姓名也。拟之者，《乐府》载魏文帝、陈琳、晋傅玄、陆机以下诸人共十六首。　㉛扳：《大典》本作坂，殿本作跋。㉜椒：山巅。　㉝白道中溪水：今发源于内蒙古武川的抢盘河，南流至土默特左旗东的毕克齐以南注大黑河。　㉞武川镇：故址在今武川乌兰不浪东南土城梁古城。　㉟景明中筑：景明(500—503)，北魏宣武帝年号。周一良说：《吕文祖传》：“显祖(时)……坐徙于武川镇。”自非景明时始立，此盖指筑城而言(《北魏镇戍制度考及续考》)。按：显祖即献文帝，466—470 年在位。　㊱北狄：古代对北方少数民族的泛称。这里是指当时活动在今蒙古高原的柔然族。　㊲塞水：今土默特左旗境的万家沟河。　㊳太和十八年：494 年。㊴高祖：即魏孝文帝(467—499)。471—499 年在位。执政期间，首都从平城(今山西大同市)迁到洛阳，实行一系列改革，采取改变统治民族鲜卑族的风俗、服饰、语言等措施，加速了和其他各族的融合进程。　㊵高聪：452—520 年，字僧智，北魏北海郡剧县（今山东昌乐西）人。熟悉经史，有文才。曾任中书博士、侍郎、并州刺史、幽州刺史等职。　㊶四注两厦：四周有长廊围绕的两层重厦。四注，围绕四周。《文选》卷八司马相如《上林赋》"高廊四注"，吕延济注：注，犹帀也；高廊，行廊也；谓行廊帀于四周也。《庄子·秋水篇》"围之数帀"。帀，通"匝"，环绕。　㊷绮井：藻井，有花纹图案的天花板。　㊸雕楹：雕刻的柱子。楹，柱。　㊹镂桷：雕刻的椽子。镂，雕刻。桷，方的椽子。　㊺温室：汉代长乐宫、未央宫有温室殿，《三辅黄图》说，冬处之温暖也。　㊻幸：帝王驾临。　㊼龙荒：北方边远地区。《汉书·叙传》：龙荒幕朔，莫不来庭。颜师古注：龙，匈奴祭天龙城。　㊽游鸾：帝王出巡。　㊾杨难当：？—465年，东汉末以后，氐族杨氏世居仇池（今甘肃西和西南、礼县南仇池山），占据陇南、汉中一带。429年，杨难当继为首领，北魏曾封为南秦王，太平真君三年（442），被南朝宋打败，太武帝拓跋焘接他到阴山行宫，适值新殿落成，取名广德殿，和平六年（465）死于北魏。　㊿重译：讲话要经过多次辗转翻译，意为来自远方。　51振摄四荒：声威达到四周边远地区。振摄，为威震。摄，通"慑"，使畏惧。四荒，四面荒远之地。　52稽颡：屈膝下拜，以额触地。　㊼恂恂：恭谦谨慎的样子。　㊿敛敛：给予。
㊼推亡：《汉书·宣帝纪》颜师古注引李奇说：推亡者，若纣
为无道，天下苦之，有灭亡之形，周武遂推而弊之；师古说：
《尚书·仲虺之诰》曰："推亡固存，邦乃其昌。"言有亡道者则
推而灭之，有存道者则辅而固之。王者如此，国乃昌盛。
㊼峨峨：高峻貌。　㊼广德：仁德广大。　㊼奕奕：高大
美盛貌。　㊼焜煌：光辉灿烂的样子。焜，光明。煌，明亮。
㊀崔浩：？—450年，字伯渊。北魏清河武城（今山东武城
西）人。明元帝、太武帝时曾参与军国大事，后与北魏统治者
发生矛盾被杀。　㊀碑阴题宣城公李孝伯二句：李孝伯
（？—455），北魏赵郡（今河北赵县）人。曾任比部尚书，太武
帝时封为宣城公。新镂，新刻。施蛰存据《魏书·李孝伯传》
考证，李孝伯封爵宣城公在正平元年（451），说：盖此碑建于
太平真君三年，崔浩时方得宠用事，即撰碑文，碑阴从臣提名，
必有崔浩，浩即得罪被诛，其石刻姓名亦当磨灭，故正平元年
以后，改刻碑阴，遂有宣城公李孝伯等，其实太平真君三年时，
从臣中无李孝伯也。郦道元不便言此事，故言碑阴提名"若新
镂焉"，盖微词也（《水经注碑录》）。　㊀桢陵县：西汉置，东
汉改名箕陵，末年废。故址在今内蒙古清水河西北喇嘛湾附

近。一说在今托克托东南燕山乡章盖营村古城。据《汉书·地理志》桢陵县西北有缘胡山,郦道元曾亲自到过这一带,《水经注》说:"亲所径涉,县在山南。"今燕山乡古城北无山,和记载不符。　❻沙南县:西汉置,东汉末废。故址在今准格尔旗东北十二连城附近。　❻脉水寻经二句:熊会贞说,《经》称东过桢陵、沙南,《注》叙二县,一则曰河水南入,再则曰河水南流,以南字为驳《经》东字,是也,而犹未尽。盖《经》言先过桢陵、沙南,后过沙陵;《注》谓白渠水径沙陵入河,河水方至桢陵、沙南境,则河水先径沙陵,后径桢陵、沙南,《经》所指次第不合,故驳之,谓乖川去之次。乖,违背,不合。

　　内蒙古磴口以北,黄河折向东流,历史上河流主要分为两支。南支相当今黄河,称为南河;北支约当今乌加河(总排干沟),称为北河。《水经注》叙述北河往往作河水或河,不加北字,但提到南河,都加南字,可见当时北河是主流,南河是支流,这一河道形势一直维持到清初,后来南河发展成为黄河主流,北河改称为乌加河。

　　北河有二义,黄河从今磴口北折向东流,到托克托附近又折而南流,因为东、西两面都是南北流向,所以这一段称为北河,这是广义的北河;广义北河的西段,因有二派,北面的一派流到今乌梁素海附近折向南流,与南面的一条和广义的北河相合,南北相对而言,南面的称南河,北面的称北河,这是狭义的北河。《史记·秦本纪》惠文王后五年(前320)"王游至北河",昭襄王二十年(前287),王"又之上郡北河",是指广义的北河。那时秦地还没有到达今乌加河,惠文、昭襄所到的是今托克托附近一带黄河。《卫将军列传》"绝梓岭,梁北河",所谓北河,和惠文、昭襄所至"北河"意思相同,应该是广义,所指具体地区则为北河之东段。《水经注》系卫青梁北河事在广义北河的西段,即狭义北河下,不甚正确(参见谭其骧《北河》)。

南北两河间为河套平原,南北两支黄河在乌拉特前旗西山嘴镇汇合,沿大青山南麓东流,北岸是大青山山麓冲积洪积扇,称为吐默川平原,南岸是鄂尔多斯台地。黄河东至托克托附近又折向南流,逐渐进入山陕峡谷区。河套平原和大青山山麓冲积洪积扇平原,长时期内是农业生产的北界，为了保护这一富庶的农耕区域，防御北方游牧民族南下，战国赵武灵王、秦始皇曾先后在阴山山脉中今狼山、大青山修筑长城，至今还残存着它的遗迹。长城是人类最伟大的工程之一，《水经注》化了较多笔墨记述长城修建沿革、走向，同时也引用民谣，对劳动人民建筑长城时的无奈和遭受的苦难，透露出深切的同情。高阙是利用天然地形，在两壁耸立有如双阙的山峡口，傍山筑城，置兵戍守的军事要塞，《注》清晰形象地勾画出阙口的形势，为后世找寻高阙位置提供了依据。根据本文记述的地理位置和地貌特征，一般认为高阙即今内蒙古乌拉特中旗西南石兰计乡北的石兰计山口。这里地处狼山山脉中段，据考察山口两旁各有一座高峻的山峰，在东西数十里内，这两座山峰大大高出其他群山之上，和《注》文描述一致。但两山中断、形如双阙的形势，也并不只限于狼山山脉，所以，近来有学者根据战国时赵国的北边长城西端和西部境域所能到达的地方，认为《水经注》记载的是秦汉以后的高阙，战国时赵国的高阙可能在狼山山脉以东的乌拉山一带。

高阙以东的北假，是秦代北方田官将土地借给无地贫民而得名，可见当时招徕垦荒，农业得到发展。新秦中范围相当今河套地区，新开发地区的生产接近最富庶的渭水流域，而渭水流域称为秦中，新秦中就是新的秦中地的意思。由于新秦中土地肥沃，农业产量高，人民生活富裕，秦汉时成为"新富贵者"的代名词，一直沿用到东汉时代。

阴山山脉有很多天然缺口，成为沟通南北的重要通道，石门(稒阳)、白道等屡见于汉或北魏记载。北魏时活动于北方的是柔然族，为防御柔然南下，设置了著名的怀朔等六镇，在阴山上怀朔、武川镇位置的确定，《注》文是重要的参考。其他对于广德殿等的描写，也十分生动细致。

北魏太和十八年(494)，郦道元随孝文帝到过大青山一带，许多都是他亲自考察的结果，所以《水经注》有关这一地区的记载，是当时的第一手材料，值得我们重视。

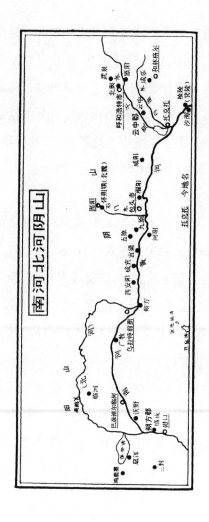

八、统万城

本文选自卷三《河水注》。

今陕西、内蒙古交界处的毛乌素沙地东南缘，屹立着一座历经一千五百多年风霜的古城遗址，它就是十六国时期赫连勃勃建立的夏国国都统万城。现在遗址西北隅残存的敌楼，仍高达24米，在10公里以外越过沙丘就可以远远望见，在一片茫茫的沙地上，耀眼的阳光照射下，特别引人注目。那雄伟巍峨的形状，仿佛向人们展示它昔日的喧闹，诉说着历史上各族人民为营建这座城池而遭受的苦难，同时也提出了疑问，当时的地理环境是这样的吗？

（河水）又南，奢延水①注之。水西出奢延县②西南赤沙阜③，东北流。《山海经》所谓生水出盂山者也。郭景纯曰：盂或作明④。汉破羌将军段颎⑤破羌于奢延泽⑥，虏走洛川⑦，洛川在南，俗因县土谓之奢延水，又谓之朔方水矣。东北流，径其县故城南，王莽之奢节也。赫连龙升七年⑧，于是水之北，黑水⑨之南，遣将作大匠⑩梁公叱干阿利⑪，改筑大城，名曰统万城⑫，蒸土加功⑬，雉堞⑭虽久，崇墉⑮若新。并造五兵⑯，器锐精利，乃咸百炼，为龙雀大环⑰，号曰大夏龙雀。铭其背曰：古之利器，吴、楚湛卢⑱；大夏龙雀，名冠神都；可以怀远⑲，可以柔逋⑳；如风靡草，威服九区㉑。世甚珍之。又铸铜为大鼓及飞廉㉒、翁仲㉓、铜驼、龙、虎，皆以黄金饰之，列于宫殿之前，则今夏州㉔治也。奢延水又东北，与温泉㉕合，源西北出沙溪而东南流注奢延水。奢延水又东，黑水

入焉。水出奢延县黑涧,东南历沙陵㉖,注奢
延水。

① 奢延水:今无定河。 ② 奢延县:西汉置,东汉末废,
即统万城故址。 ③ 赤沙阜:就是风积作用形成的红色沙
丘。今无定河发源于白于山北麓,上源流经毛乌素沙地,沙地
上分布着众多沙丘。有一种意见认为是指白于山紫红色砂岩
组成的山丘,不确。砂岩是经过成岩作用形成的岩石,与赤沙
形态不符;阜是凸出的高地,不是山丘,应劭《风俗通义》卷十:
阜者,茂也,言平地隆踊,不属于山陵也。 ④ 盂或作明:《山
海经·西山经》郭璞注,盂,音于;没有"盂或作明"四字。赵
一清、杨守敬认为,因孟津可以称为盟津(津渡,在今河南孟津
东)、孟猪可以称为盟猪(泽,在今河南商丘市北),后人误以
盂、孟相通,遂改郭注,所以"郭景纯曰:盂或作明"八字,是附
会所加,不是郦《注》的原文。 ⑤ 段颎:?—179 年,字纪
明,东汉武威姑臧(今甘肃武威市)人。曾任辽东属国都尉、护
羌校尉、破羌将军等职,建宁元年(168)和起事的羌人交战于
奢延泽。 ⑥ 奢延泽:在今内蒙古鄂托克前旗东南城川一
带。 ⑦ 洛川:今陕西洛河。 ⑧ 龙升七年:龙升是赫连勃

勃的年号,龙升七年为413年,同年改年号为凤翔。　⑨黑水:今陕西榆林市西海流兔河。　⑩将作大匠:职掌宫室、宗庙、陵墓及其他土木营造工程的官员。　⑪叱干阿利:叱干是部落名当姓氏名,后北魏改为薛氏。赫连勃勃龙升元年(407)封叱干阿利为梁公。　⑫统万城:故址在今陕西靖边北白城子,遗迹尚存。　⑬蒸土加功:根据现存遗址研究,城是用砂、粘土和碳酸钙混合成的三合土夯筑而成,筑城时要烧制大量石灰,"蒸土"可能即指此而言;或者当生石灰加水变成熟石灰(氢氧化钙)时,会释放出热气,像蒸土一样,故称。⑭雉堞:城上排列的像齿状一样的矮墙。　⑮崇墉:崇,高。墉,城墙。　⑯五兵:五种兵器,所指不一。《穀梁传》范宁注:五兵,矛、戟、钺、楯、弓矢;《汉书·吾丘寿王传》颜师古注:五兵,矛、戟、弓、剑、戈。这里当泛指各种兵器。　⑰龙雀大环:《晋书·赫连勃勃载记》作:"又造百炼刚刀,为龙雀大环。"古代把上有环的刀叫环刀。　⑱吴、楚湛卢:湛卢是宝剑名,相传为春秋时欧冶子所铸。吴的政治中心在今江苏苏州市,楚的政治中心在今湖北荆州市北纪南城。吴、楚当时均以冶剑技术精湛著称。　⑲怀远:安定边远地区。⑳柔逋:安抚逃亡的人。　㉑九区:即九州。《文选》卷二十陆机《皇太子宴玄圃宣猷堂有令赋诗》："九区克咸。"刘良注："咸，和也，言九州能和。"九州是传说中的我国上古行政区划，起源于春秋、战国时代，各州名称，说法不一。其四至范围应指当时农耕区域所能达到的地区。　㉒飞廉：即蜚廉，传说中的神兽，《淮南子·俶真训》高诱注："蜚廉，兽名，长毛，有翼。"　㉓翁仲：《史记·秦始皇本纪》司马贞索隐引谢承《后汉书》："铜人，翁仲，翁仲其名也。"《水经·河水注》："秦始皇二十六年，长狄十二见于临洮，长五丈余，以为善祥，铸金人十二以象之，各重二十四万斤，坐于宫门之前，谓之金狄。……俗谓之翁仲矣。"后世铜像、石像都称为翁仲。　㉔夏州：北魏始光四年（427）征赫连夏，取统万城，置统万镇，太和十一年（487）又置夏州，二十一年（497）罢镇存州。　㉕温泉：今内蒙古乌审旗南那泥河（纳林河）。　㉖沙陵：沙丘。

　　十六国时期夏国的创立者赫连勃勃是一个暴君，史载营建统万城时，征用各族人民十万人，筑时用铁锥刺墙，如锥入一寸，就要杀修筑者并且重筑。因此城墙坚固，可以磨刀斧。城内台榭高耸，楼阁相连，装饰华丽，极为穷奢极侈，从《注》文中也可略知梗概。所以北魏皇帝拓跋焘灭夏后说："用民如此，虽欲不亡，其可得乎？"

为什么叫统万城？《太平御览》卷一百九十二偏霸部引《十六国春秋·夏录》说，赫连勃勃都城建成后，以统一天下，君临万国，故取统万为名。但《魏晋南北朝墓志铭集释》载北魏元举、元湛、元昭墓志有统万突镇都大将，元保洛墓志有吐万突镇都大将，则统万也作统万突、吐万突，显然是为汉译的少数民族语言，所以《夏录》的记载可能是汉族文人的粉饰之词，不足为信。

北魏取统万城后先后在此设统万镇、夏州，成为重要的区域政治中心，宋代曾建立西夏政权的党项族拓跋氏，唐末也兴起于此。淳化五年（994），为了维护宋朝边区的安定，将夏州城予以平毁，从此沦为一片废墟，后来当地称这个遗址为白城子。清道光二十五年（1845），当时任陕西榆林府知府的徐松是一位研究西北史地的著名学者，他嘱怀远县（今横山县）知县何炳勋进行实地调查，推断白城子就是统万城、夏州的故址（《蒙古游牧记》卷六），这个遗址才逐渐为外人所知，

1956年后曾多次进行调查考察,肯定了徐松、何炳勋的结论,主要的根据就是《水经注》这一段记载。

统万城是在奢延县故址上修建的,那么汉代这里已经开发,现在遗址处于大片沙地之中,周围是滚滚流沙,据史载,北魏时城内军民至少有数万,他们是如何生活的,当时自然环境是否比现在要好?《注》文对研究这一沙地的形成、发展和变迁,也提供了探讨的课题。

九、孟门

本文选自卷四《河水注》。

黄河流到现在陕西宜川和山西吉县之间的峡谷内，两岸狭窄，河床落差增大，高低相差悬殊，从上游奔腾而来的滔滔洪流，从高处倾泻而下，好像河水从壶中倒出来一样，成为瀑布，这就是壶口。壶口一名，早在《尚书·禹贡》中已经出现，《注》这里以山为名，称为孟门，所描写的就是著名的壶口瀑布。

河水南径北屈县①故城西，北十里有风山②，上有穴如轮，风气萧瑟，习常③不止。当其冲飘也，而略无生草，盖常不定，众风之门故也。风山西四十里，河水南出，孟门山④与龙门山⑤相对。《山海经》曰：孟门之山，其上多苍玉、多金；其下多黄垩⑥、涅石⑦。《淮南子》⑧曰：龙门未辟，吕梁⑨未凿，河出孟门之上，大溢逆流，无有丘陵，高阜灭之，名曰洪水；大禹疏通，谓之孟门。故《穆天子传》⑩曰：北登盟门⑪，九河⑫之隥⑬。孟门即龙门之上口⑭也，实为河之巨厄⑮，兼孟门津之名矣。此石经始禹凿，河中漱广⑯，夹岸崇深⑰，倾崖返捍⑱，巨石临危，若坠复倚。古之人有言，水非石凿而能入石，信哉！其中水流交冲，素气云浮⑲，往来遥观者，常若雾露沾人，窥深⑳悸魄㉑，其水尚崩浪万寻㉒，悬流千丈，浑洪赑怒㉓，鼓若山腾，浚波颓叠㉔，迄于下口㉕，方知《慎子》㉖：下龙门，流浮竹，非驷马㉗之追也。又有燕完水㉘注之，异源合舍，西流注河。河水又南得鲤鱼涧㉙，历涧东入，穷溪首便其源也。《尔雅》曰

"鳣鲔³⁰也"。出巩穴³¹,三月则上渡龙门,得渡为龙矣;否则点额³²而还,非夫往还之会,何能便有兹称乎?

① 北屈县:春秋屈邑,秦置县,约十六国时废。故址在今山西吉县北麦城。　② 风山:今山西吉县北宝山。　③ 习常:经常,《初学记》卷八河东道引《水经注》无"习"字。④ 孟门山:在今山西吉县西、陕西宜川东北的壶口。史念海说,位于壶口南 5 公里的矻针滩,是黄河河道中间几块大石头,其中最高的一块迄今犹高 13 米(《河山集》二集)。⑤ 龙门山:今山西河津市西北、陕西韩城市东北的黄河峡口,现仍称龙门。　⑥ 黄垩:黄沙土。　⑦ 涅石:矾石。⑧《淮南子》:殿本,王本作《淮南子》,杨守敬《注疏》以"此系《尸子·君治篇》文",改作《尸子》。《元和志》卷十二慈州文城县孟门山下引文也作《淮南子》,中华书局本贺次君校勘记说:"《淮南子》当作《尹子》(原文如此,尹当作尸,下同),此引见《尹子·君治篇》,《淮南子》无此文。此缘《水经·河水注》而误。"按:这一段引文,唐宋时已作出于《淮南子》(《太平御览》)卷四十地部同),《水经注》原文可能即已如此,宜依旧不

改。《淮南子》,西汉淮南王刘安集门客著;《尸子》,战国尸佼著。 ⑨ 吕梁:山名。据《河水注》湳水(今陕西府谷北黄甫川)入黄河后一段记载,位于山陕黄河峡谷段北端的今山西偏关、河曲一带黄河东岸。《河水注》又说山在离石(今属山西)之北,这是因为东汉末年以后,离石北的黄河东岸没有设县,也无著名聚落,所以将这一带山区都视作吕梁山的缘故。⑩《穆天子传》:晋太康二年(281)汲郡(今河南卫辉市西南)魏襄王墓出土,原为竹简,记周穆王西行故事,郭璞曾作注。⑪ 盟门:即孟门。 ⑫ 九河:古代黄河下流的分汊河流,分布在华北平原东部、北部,北界大致达到今天津市一带。九是多的意思,和九江、九山、九泽等一样,不一定是实数。⑬ 隥:同“磴”,险坡。 ⑭ 上口:指北口。 ⑮ 厄:险隘,阻碍。 ⑯ 河中漱广:河水冲刷使河谷宽起来。漱,冲刷。⑰ 夹岸崇深:河岸高深,落差大。这一段黄河河床,历史上俗称为石槽。 ⑱ 倾崖返捍:倾倒的山崖回过头来又稳定下来。捍,保卫、护卫。 ⑲ 素气云浮:白色的水汽如云一样漂浮在天空。 ⑳ 窥深:朝深处看。 ㉑ 悸魄:心惊胆战。 ㉒ 寻:古代长度单位,八尺为寻。 ㉓ 赑(bì)怒:形容狂涛凶猛,犹如发怒。赑,有力。 ㉔ 浚波颓叠:形容巨浪起伏一个接着一个。浚，深。波，起伏。　㉕下口：指南口。
㉖《慎子》：战国慎到著。　㉗驷马：四匹马拉的车，这里形
容速度快。《太平御览》卷四十地部引《慎子》的原文是："河
之下龙门，其流驶如竹箭，驷马追弗能及。"　㉘燕完水：今山
西吉县西北南村坡附近一水。《清一统志》平阳府下说，清水
河即古燕完水；光绪《山西通志》卷三十二山川考认为清水河
是《水经注》的羊求水。按《水经注》自北而南记燕完水、鲤鱼
涧、羊求水，又说羊求水流经北屈县故城南，北屈县故址在今
吉县北麦城，清水河(今下流称为州川河)正在麦城以南，则《山
西通志》之说可信。现在壶口瀑布附近，黄河东岸只有南村坡
附近一水有两源，与《水经注》下文所说"异源合舍"的形势符
合。　㉙鲤鱼涧：今山西吉县西北，南村坡附近一水以南、州
川河之北，主要有三条河流向西注入黄河，其中北面龙王辿附
近一条最近壶口瀑布，当是。　㉚鳣鲔(wěi)：即今中华鲟、
白鲟。　㉛巩穴：在今河南巩义市西北。　㉜点额：触及额
头。《通典》卷一百七十九龙门下引《三秦记》："鱼鳖上之即
为龙，否则点额而还。"后世以点额来比喻应试落第。

　　壶口南距龙门约 65 公里，文中称为孟门、龙门上

口。壶口以上，黄河河水在宽槽中流行，到了壶口河槽突然变狭，宽约30—50米，河床下切，槽深约30米。河水流到这里，受河床收缩及落差增大的影响，形成瀑布。瀑布的高度，枯水期为15—20米，夏秋之际可达45米，只有在洪水期才成为急流。由于落差大，水流湍急，瀑布发出雷鸣般的声音，几里之外就可以听到，飞瀑溅出来的水珠，像蒙蒙细雾一样漂浮在上空，加上河岸陡峭，下临深渊，看时使人惊心动魄。《注》文以优美生动的文笔，将这一壮丽景色跃然纸上，读后犹如亲自见到一样。《注》虽仍尊奉传统大禹开辟孟门的传说，但仍引用古人的话说："水非石凿而能入石，信哉！"相信这是千万年来水流侵蚀作用所形成，是一种自然现象，很合乎科学的道理。

"鲤鱼跳龙门"是家喻户晓的典故，《注》文对鲤鱼的解释和现在不同。《诗经·卫风》"鳣鲔发发"下唐孔颖达疏及《尔雅》"鳣"、"鲔"下宋邢昺疏引陆机（玑）说，鳣出江海，三月中从河下头来上，身形如龙，锐头，口在颔下，纵广四五尺，今于盟津东石碛上钩取之，大者千余斤,又鲔形如鳣而青黑,头小而尖,大者不过七八尺,盖州人谓之鳣鲔。《尔雅》郭璞注,鳣,大者长二三丈,今江东呼为黄鱼;鲔,鳣属也;今宜都郡(西晋治今湖北宜昌市南)京门以上江中出鳣鲔之鱼。根据上述描述,古代的鳣,即今中华鲟;鲔,即今白鲟。《注》文鲤鱼涧下说:"鳣鲔也。"《太平御览》卷九百三十六鳞介部引《水经(注)》:"鳣鲔,鲤也。"可见当时所谓鲤鱼就是鳣鲔,郦道元长期生活在洛阳,北面就是黄河和孟津(盟津),那时黄河中可能还有今称中华鲟、白鲟的鱼。如此说来,鲤鱼跳龙门的鲤鱼,不是今天我们熟知鲤科的鲤鱼,而是今鲟科的中华鲟和白鲟了。

中 华 鲟

十、潼关

本文选自卷四《河水注》。

黄河自山、陕峡谷南流而下,到潼关附近受秦岭山脉的阻挡,折向东流,河北有中条山,河南有崤山。南岸东起函谷,西至潼关,谷深道狭,形势险要,自古以来为中原、关中间交通孔道,兵家的必争之地。《注》描绘这里的地理形势,记述历史上发生的战事,笔墨不多,也得以窥见当时地位之重要。

河在关内南流,潼①激关山,因谓之潼关②。灌水③注之,水出松果之山④,北流径通谷,世亦谓之通谷水⑤,东北注于河。《述征

潼关古城

记》⑥所谓潼谷水者也，或说因水以名地也。河水自潼关北，东流。水侧有长坂，谓之黄巷坂⑦，傍绝涧⑧，涉此坂以升潼关，所谓溯黄巷以济潼⑨矣。历北出东崤⑩，通谓之函谷关⑪也。邃岸⑫天高，空谷幽深，涧道之峡，车不方轨⑬，号曰天崄。故《西京赋》⑭曰：岩崄周固，衿带⑮易守；所谓秦得百二⑯，并吞诸侯也。是以王元说隗嚣⑰曰：请以一丸泥东封函谷关，图王不成，其弊足霸矣。郭缘生记曰：汉末之乱，魏武征韩遂[18]、马超[19]，连兵此地；今际河之西，有曹公垒[20]，道东原上，云李典营[21]。义熙十三年[22]，王师[23]曾据此垒。《西征记》[24]曰：沿路逶迤，入函道六里，有旧城，城周百余步，北临大河，南对高山，姚氏[25]置关以守峡。宋武王[26]入长安，檀道济[27]、王镇恶[28]或据山为营，或平地结垒，为大小七营，滨带河险。姚氏亦得保据山原，陵阜之上尚传故迹矣。关之直北，隔河有层阜，巍然独秀，孤峙河阳，世谓之风陵[29]，戴延之所谓风堆[30]者也。南则河滨姚氏之营，与晋对岸。

①潼：同"冲"，冲激。　②潼关：关名。故址在今陕西潼关（吴村）东北杨家庄附近。唐时移到今港口（旧潼关城），明代设潼关卫，清代置潼关厅，1913年改为县，1961年移治吴村（城关镇）。　③灌水：见《山海经·西山经》，灌，或本作潷。　④松果之山：在今陕西潼关、洛南界潼峪发源处。《寰

宇记》卷二十九华州华阴县：松果山，在县东南二十七里。宋华阴县同今市。　⑤通谷水：今陕西潼关东潼洛川、潼峪（河）。　⑥《述征记》：东晋郭缘生撰。　⑦黄巷坂：在今陕西潼关东北黄河沿岸，长约7公里多，临黄河一边是高崖，南边接原，古代东西交通道路经过这里，因坂深如巷，土色黄，故名。《寰宇记》卷六陕州阌乡县：黄巷坂即今潼关路。坂，通"阪"，山坡。　⑧绝涧：在今陕西潼关东北。史念海说：所谓绝涧，就是远望沟，迄今犹十分陡峻。　⑨溯黄巷以济潼：晋潘岳《西征赋》文。溯，趋向。　⑩东崤：在今河南陕县东硖石一带。详见下砥柱注。　⑪函谷关：战国秦到汉之间的著名关隘，在今河南灵宝市北王垛村，因关在谷中，深险如函得名。汉武帝元鼎三年（前114）移关于今河南新安东后，改置弘农县于此，新关于三国魏时废。这里把关作为地区名，从东崤到潼关，通名函谷。　⑫邃岸：高岸。邃，深远。⑬车不方轨：道路狭窄，不能通过两辆车。方轨，两车并行。⑭《西京赋》：东汉张衡撰。西京，指长安，在今陕西西安市西北。　⑮衿带：比喻形势险要。衿，衣领。　⑯秦得百二：意为秦占优势。《史记·高祖本纪》裴骃集解引苏林曰：得百中之二焉，秦地险固，二万人足当诸侯百万人也。司马贞索隐引虞喜云：言诸侯持戟百万，秦地险固，一倍于天下，故云得百二焉，言倍之也，盖言秦兵当二百万也。　⑰ 王元说隗嚣：王元，隗嚣部将。隗嚣（？—33），字季孟，汉天水成纪（今甘肃静宁西南）人，王莽时起兵，东汉初曾割据陇右、河西等地。　⑱ 韩遂：？—215 年，字文约，东汉金城（今甘肃兰州市西西固城）人，曾与马腾等割据凉州，献帝时，联合马超等反对曹操，后兵败被杀。　⑲ 马超：176—222 年，字孟起，东汉右扶风茂陵（今陕西兴平市东北）人，马腾子，随父起兵，建安十六年（211）在潼关为曹操所败，还据凉州，后先后归附张鲁、刘备，蜀汉建立，任将军。　⑳ 曹公垒：故址在今陕西潼关东北、河南灵宝市西北的陕、豫交界一带。《元和志》卷六虢州阌乡县：曹公故垒，在县西二十五里。唐阌乡在今灵宝市（虢镇，一作虢略）西文底村附近。　㉑ 云李典营：杨守敬按：云当作有。段仲熙校记说，云犹曰也，犹言"人道是李典营耳"，《魏志》失载此事，然耆旧相传地是李典营，郦故作"云"。按上文"有曹公垒"，郦氏用字讲究，此处紧接上文，不当又用"有"字，段说是。李典（174—209），字曼成，东汉山阳钜野（今山东巨野东北）人，曹操部将。　㉒ 义熙十三年：417 年。　㉓ 王师：指东晋军队。这当是《述征记》文，以东晋为正统。 ㉔《西征记》：东晋、刘宋间戴延之撰。戴延之，名祚，东晋末曾随刘裕西征姚泓。杨守敬说：祚乃延之名，而以字行也。 ㉕ 姚氏：指后秦。 ㉖ 宋武王：指南朝宋创建者刘裕（363—422），字德舆，小名寄奴，祖籍彭城（今江苏徐州市）人，南渡后迁居丹徒县京口里（今江苏镇江市），东晋末官至相国，封宋王。元熙二年（420）代晋称帝，国号宋，420—422 年在位。刘裕西征后秦姚泓在东晋义熙十三年，当时尚未代晋，所以称为宋武王。 ㉗ 檀道济：？—436 年，东晋、南朝宋将领。高平金乡（今山东金乡北）人。 ㉘ 王镇恶：373—418 年，东晋、南朝宋将领。北海剧县（今山东昌乐）人。 ㉙ 风陵：即风陵堆，为一高阜，在今山西芮城西南风陵渡镇。 ㉚ 埑：堆，小丘。

潼关、函谷之间，北临黄河，南为崤山，古称桃林之塞，谷道狭深如函，树木茂盛，不见天日，号称天险。战国时代，秦势力范围的东界，大致达到在今河南灵宝市北的古函谷关一带，所以苏秦说秦惠王：大王之国"东有崤、函之固"（《战国策》）。西汉一统，割裂形势已不复存在，函谷关的重要性降低，武帝时移关于今河南新安东，为新函谷关。东汉建安十三年（208），曹操破马超于潼关，潼关之名，始见于此，可见当时潼关已替代了函谷关的地位。唐以前习称的关东、关西，即先后以函谷关、潼关为界。潼关因处于黄河急转弯处的南岸，受水流直冲，"潼"即"冲"，故名；一说因附近有潼水得名。《寰宇记》卷二十九华州华阴县潼关：《三辅记》关因水得名；又曰本名冲关，河水自龙门冲激至华山东，故以名之。《水经注》也引有此两说。这是先有潼关还是先有潼水名称的问题，自古有两种说法，不易搞清楚。

《注》认为潼关到函谷关所在的崤山一带，都是函谷地区，这是广义的函谷，也是传统的说法，所以《注》文在引潘岳《西征赋》"溯黄巷以济潼"以下，叙述了函谷的险要及世人评价，但是接着引郭缘生《述征记》说曹操征韩遂、马超，连兵此地，"此地"好像是在狭义的函谷关附近，其实不是，《三国志·魏志·武帝记》建安十六年（211）记载说，当年马超、韩遂屯潼关，曹操与超等夹关而军，可见指的是潼关，以下提到的曹公垒、风陵等也都在潼关附近，可见当时潼关也是地区名。

十一、砥柱

本文选自卷四《河水注》。

砥柱也就是三门。砥柱一名,先秦著作《尚书·禹贡》中早有记载,导河"东至于砥柱",孔安国传:"山名,河水分流,包山而过,山见水中若柱然。"三门的名字也已出现在《左传》僖公二年(前658)。砥柱以下又多险滩,这一段黄河既有壮丽的景色,又是航运的障碍,南岸还是东西陆路交通的要道。《注》文记述了这里的自然景观、交通、历史以及由此化衍出来的传说。

砥柱,山名也。昔禹治洪水,山陵当水者凿之,故破山以通河。河水分流,包山而过,山见水中，若柱然，故曰砥柱也。三穿既决，水流疏分，指状表目①，亦谓之三门②矣。山在虢城③东北，太阳城④东也。《搜神记》⑤称：齐景公⑥渡于江、沈⑦之河，鼋⑧衔左骖⑨没之，众皆惊惕。古冶子⑩于是拔剑从之，邪行五里，逆行三里，至于砥柱之下，乃鼋也。左手持鼋头，右手挟左骖，燕跃鹄踊⑪而出，仰天大呼，水为逆流三百步，观者皆以为河伯⑫也。亦或作江、沅字者也，若因地而为名，则宜在蜀及长沙⑬。案《春秋》⑭，此二土并景公之所不至，古冶子亦无因而骋其勇矣。刘向⑮叙《晏子春秋》⑯称，古冶子曰："吾尝济于河，鼋衔左骖，以入砥柱之流，当是时也，从而杀之，视之乃鼋也。"不言江沅矣。又考史迁《记·齐世家》云，景公十二年⑰，公⑱见晋平公⑲；十八年⑳，复见晋昭公㉑；旌轩㉒所指，路直斯津，从鼋砥柱，事或在兹。又云观者以为河伯，贤㉓于江沅之证，河伯本非

中流砥柱

江神,又河可知也㉔。

　　河之右则崤水㉕注之,水出河南盘崤山㉖,西北流,水上有梁,俗谓之鸭桥㉗也。历涧东北流,与石崤水㉘合。水出石崤山㉙,山有二陵㉚,南陵,夏后皋之墓㉛也;北陵,文王所避风雨㉜矣。言㉝山径委深,峰阜交荫,故可以避风雨也。秦㉞将袭郑㉟,蹇叔㊱致谏而公㊲辞㊳焉。蹇叔哭子曰:吾见其出,不见其入,晋㊴人御师必于崤矣,余收尔骨焉。孟明果覆秦师于此㊵。

崤水又北，左合西水[41]，乱流注于河。

河水又东，千崤之水[42]注焉。水南导于千崤之山[43]，其水北流，缠络二道[44]。汉建安中，曹公[45]西讨巴、汉[46]，恶南路之险，故更开北道，自后行旅，率多从之。今山侧附路有石铭云：晋太康三年[47]，宏农太守梁柳[48]，修复旧道，太崤[49]以东，西崤[50]以西，明非一崤也。西有二石，又南五六十步，临溪有《恬漠先生翼神碑》[51]，盖隐斯山也。其水北流注于河。

河水翼岸夹山，巍峰峻举，群山叠秀，重岭千霄。郑玄[52]案《地说》："河水东流，贯砥柱，触阋流[53]。今世所谓砥柱者，盖乃阋流也。砥柱当在西河[54]，未详也。"佘案：郑玄所说非是，西河当无山以拟之。自砥柱以下，五户[55]已上，其间一百二十里，河中竦石桀出[56]，势连襄陆[57]，盖以禹凿以通河，疑此阋流也。其山虽辟，尚梗[58]湍流，激石云洄[59]，澴波[60]怒溢，合有

121

一十九滩,水流迅急,势同三峡⑥。破害舟船,自古所患。汉鸿嘉四年⑥,杨焉言:"从河上下,患砥柱隘,可镌广之。"上乃令焉镌之⑥。裁没水中,不能复去,而令水益湍怒,害甚平日。魏景初二年⑥二月,帝遣都督沙丘⑥部,监运谏议大夫寇慈,帅工五千人,岁常修治,以平河阻。晋泰始三年⑥正月,武帝遣监运大中大夫赵国⑥,都匠中郎将河东乐世⑥,帅众五千余人,修治河滩,事见《五户祠铭》⑥。虽世代加功,水流瀄洊⑦,涛波尚屯⑦,及其商舟是次,鲜不踟蹰⑦难济,故有众峡诸滩之言。五户,滩名也。有神祠,通谓之五户将军,亦不知所以也。

① 指状表目:意思是按照形状来取名字。表,表达。目,名称。　② 三门:在今河南三门峡市东北三门村附近的三门峡水库坝址处。　③ 虢城:西周、春秋虢国都城,一名上阳、北虢,《注》称为南虢。故址在今河南三门峡市东南郊李家窑附近。　④ 太阳城:春秋晋邑,汉置县,属河东郡。北魏太和

十一年（487）移河北郡于此。故址在今山西平陆（圣人涧）西南三门峡水库区。　⑤《搜神记》：东晋干宝撰。原书已佚，今本为后人辑录而成。　⑥齐景公：春秋齐国国君，前547—前490年在位。　⑦沈：《太平御览》卷四十二地部、卷九百三十二鳞介部均作"沇"。"沈"字不可解，疑《水经注》时代即误，所以下文说："亦或作江、沇字者也。"　⑧鼋：动物名。形似鳖而大，背甲暗绿色，有疣，俗称"癞头鼋"。我国江湖中原广泛分布，现稀见，为珍稀保护动物。古代石碑往往以鼋造型石雕作基座，称龟趺。　⑨骖：两旁拉车的马。⑩古冶子：传说中春秋齐景公时的勇士，著名历史故事"二桃杀三士"中的三士之一。相传古冶子和公孙接、田开疆三人勇而无义，齐相晏子设计除去，请景公给他们二个桃子，要三人论功食桃，结果三人都不吃桃子而自杀。古冶，《后汉书·马融传》作古蛊，李贤注说："蛊"与"冶"通。　⑪燕跃鹄踊：像燕子一样飞跃，天鹅一样腾起。鹄，俗称天鹅。　⑫河伯：传说中的河神。　⑬亦或作江、沇字者也三句：江，长江；沇，沇水。蜀，泛指今四川成都平原为中心的广大地区，因为古蜀国、秦蜀郡地；长沙，泛指今湖南长沙为中心的广大地区，包括湖南大部，因为战国楚、秦长沙郡地。古代以今岷江为长江正源,所以说长江在今四川成都平原为中心的蜀地;沅水在今湖南的长沙地。三句大意是:(江、沈)也有作江、沅的,如果根据地名,应该在蜀和长沙。 ⑭《春秋》:相传孔子根据鲁国史书删订整理而成,是我国现存最早的编年史。 ⑮ 刘向:约前77—前6年,字子政,本名更生,西汉宗室,经学家,成帝时曾负责校订皇家所藏典籍。 ⑯《晏子春秋》:一作《晏子》。后人根据春秋齐相晏婴言行编辑而成,1972年山东临沂银雀山西汉墓出土残简,有《晏子》一书。 ⑰ 景公十二年:前536年。 ⑱ 公:指齐景公。 ⑲ 晋平公:春秋晋国国君,前557—前532年在位。 ⑳ 十八年:前530年。㉑ 晋昭公:晋平公之子,前531—前526年在位。 ㉒ 旌轩:建有表示身份的旗子或符节的车子。 ㉓ 贤:胜、优。㉔ 河伯本非江神二句:《注》根据《史记》齐景公两次到今山西境的晋国和《搜神记》中河伯的记载,认为河伯是黄河河神,不是长江江神,所以齐景公所渡的河流,不在长江和沅水而在黄河。 ㉕ 崤水:今河南陕县东涧底河附近注黄河一水。㉖ 盘崤山:当在今陕县观音堂南。 ㉗ 鸭桥:故址在今陕县硖石东甘豪附近。 ㉘ 石崤水:发源于今陕县硖石南一带。㉙ 石崤山:当在今陕县响屏山北的歪头山、霸王山、雷震山一带。　㉚陵：大的山阜叫陵。　㉛夏后皋之墓：在今陕县雁翎关西北，今存。《左传》僖公三十二年（前628）杜预注：皋，夏桀之祖父。　㉜文王所避风雨：所指在今陕县东南硖口一带，遗迹尚存。　㉝言：语助词，无义。　㉞秦：春秋国名，在今陕西关中一带，当时国都在雍（今凤翔南）。　㉟郑：春秋国名，在今河南中部一带，当时国都在新郑（今市）。㊱骞叔：秦大夫。　㊲公：指秦穆公。前659—前621年在位。　㊳辞：不接受。　㊴晋：春秋国名，在今山西一带，当时国都在绛，一称翼（今翼城东南）。　㊵这一事件的始末，见《左传》僖公三十二年、三十三年。　㊶左合西水：今陕县涧底河以东注入黄河一水，上游与发源于硖石南一水会合后，向北流左岸只有发源于三孔窑附近东经荆山凹至弥陀寺的一条支流。　㊷千崤之水：《水经注》记述河流一般是从上游到下游，今陕县涧底河附近注入黄河一水以东，无较大河流，只有渑池北发源于韶山的涧河可以当之，但和《谷水注》中的千崤山方位有矛盾，或记载有误。　㊸千崤之山：根据《谷水注》记载，千崤在谷水上源马头山以西。谷水即今涧河，涧河有数源，中间一源出于观音堂北约8公里的马头山，其西即为陕县涧底河附近注入黄河一水，则千崤山应在此水上源一带。疑《注》所记千崤水,不是独流入黄河的河流,而是涧底河附近注入黄河一水的东源。 ⑭缠络二道:河流在二条道路中绕来绕去。 ⑮曹公:指曹操。 ⑯巴、汉:泛指今陕西汉中及四川东部、重庆市一带,秦汉为汉中郡、巴郡地。⑰太康三年:282年。 ⑱宏农太守梁柳:宏,一作弘。宏农,郡名,治宏农县,故址在今河南灵宝市(虢镇,一作虢略)北灵宝老城的王垛村。太守,郡的长官名。梁柳,皇甫谧(215—282)从姑子,曾任城阳太守(治东武,今山东诸城市)等职。⑲太崤:太崤与西崤并称,太崤当即东崤,《元和志》卷五河南府永宁县(今洛宁):自东崤至西崤三十五里,东崤长坂数里,峻阜绝涧,车不得方轨;西崤全是石坂十二里,险绝不异东崤。今陕县东硖石一带为东崤,是历史上崤山北道所经。崤山有二崤、三崤、东崤、西崤、盘崤、石崤、千崤、土崤、太崤,有的是总称,有的是指某一部分。有说"崤"音同"豪",今陕县境有"土豪",当为"土崤"的音变得名。 ⑳西崤:东崤南,在今陕县东南雁翎关一带,是历史上崤山南道所经。㉑《恬漠先生翼神碑》:施蛰存说,此恬漠先生,想亦晋时隐士,史所失载。翼神,或姓翼名神,或名翼而失其姓,或姓翼而失其名,神碑之称,汉已有之,如《张公神碑》,郦氏未有叙述,故此亦未可确解。 ㉜ 郑玄：127—200 年，字康成，东汉北海高密（今属山东）人，经学家，注有《毛诗》、《周礼》、《仪礼》、《礼记》等书。 ㉝ 阏流：今河南三门峡至孟津，黄河进入山地，两岸山势陡峭，河道弯曲。这里指三门峡至山西垣曲东南古城镇（1959 年以前的垣曲县治）间约 60 公里长的黄河峡谷段，其东稍为宽衍。阏，壅塞。 ㉞ 西河：今山西、陕西间的黄河南段。 ㉟ 五户：滩名。《寰宇记》卷五西京渑池县：五户神在县北一百二十里；卷四十七绛州垣县：五户祠在县西十七里。五户神祠当近五户滩，宋渑池县同今县；垣县即后之垣曲县，在今垣曲东南古城镇。今三门峡到垣曲古城镇约长 60 公里，与《注》记载的距离相当，滩应在其附近。 ㊱ 竦石杰出：耸立的岩石突出河面。竦，同"耸"。杰，通"揭"，举起。 ㊲ 襄陆：高地。 ㊳ 梗：阻拦，妨害。 ㊴ 激石云洄：迅急的河水冲击岩石形成像云旋一样的回流。 ㊵ 澴波：水流回旋涌起貌，形容水中的漩涡。 ㊶ 三峡：即长江三峡。 ㊷ 鸿嘉四年：17 年。 ㊸ 砥柱镌广事见《汉书·沟洫志》，这是历史上最早开凿三门峡的记载。 ㊹ 景初二年：238 年。 ㊺ 沙丘：复姓。 ㊻ 泰始三年：267 年。 ㊼ 赵国：晋袭汉制，诸侯王以郡为国，王留在京师不到封地任职。赵国治房子,故址在今河北高邑西南。这里赵国是晋武帝派遣的监运大中大夫的籍贯,赵国下遗缺人的姓名。 ⑥⑧河东乐世:河东,郡名,治安邑,故址在今山西夏县西北。也可解释为地区名,所指相当于今山西西南部。 ⑥⑨《五户祠铭》:他书无著录,仅见于此。 ⑦⑩溘济:澎湃奔腾。济,同"奔"。⑦⑪屯:阻碍,停留。 ⑦⑫踟蹰:犹豫。

砥柱是黄河中的两座石岛,石岛把水流分隔成三股,好像河水在三座门中流过一样,所以又叫三门。这个地方位于黄河中游,是中原文化的发祥地,所以古人对这一地区的地理知识十分丰富。黄河流到这里曲折南向、东向,两岸是峡谷,坚硬岩石塑造的河槽上形成几座岛屿,最大的有三座岛,东边的一座原来和河岸相连,呈半岛形状,其他两座岛并列河心,成为黄河上的两岛三门。河中的石岛犹如坚硬的柱子一样,日夜迎抗着滔滔洪流,任凭惊涛骇浪的冲击,千百年来巍然屹立,因此,"中流砥柱",成为人民对在困难环境中能起决定作用和坚强意志的比喻。现在三门峡水利枢纽的大坝就修建于此。

《注》中的砥柱是三门诸岛的总称。三门的具体名称,大约出现在后世的唐宋时代,东边的一股河道叫金门,中间的叫夜叉门,西边的叫鬼门。金代以后,金门和夜叉门两名逐渐为人门与神门所代替,三座岛自东向西也分别称为人门岛、神门岛和鬼门岛。下游的 400 米处,还有砥柱石、张公岛、梳妆台三座石岛。砥柱石屹立河心,在没有筑水库前枯水时露出水面约 7 米。砥柱石也是后来的称呼。

本段主要叙述砥柱和三门得名的由来,辅以砥柱的历史、神话传说和考证,黄河南岸崤山交通道路的变迁,和砥柱以下两岸的景观以及汉、魏整治航道的事迹。砥柱以南黄河南岸崤山是关中到今洛阳一带陆上的必经之路,地势险峻,《淮南子·墜形训》称"殽崤"为九塞之一。历史上有南北两道,北道起自今三门峡市西陕县老城,沿青龙涧河和交口附近的东源,东经硖石再循涧河河谷至洛阳;南道沿青龙涧河东南源,经南县、雁翎关,东南循洛河支流永昌河、洛河河谷至洛阳。这里记载的曹操在崤山开辟的北道，是北道中的一条支路。砥柱附近及以下，原多礁石险滩，河流湍急，不利航行，文中又列举汉晋整治河道的经过，1955—1957年为配合三门峡水库建设，黄河水库考古工作队进行调查时，曾在人门岛上发现"都匠乐世"的摩崖题刻，虽然题刻因年代久远，字迹模糊，但和本《注》提到的"都匠中郎将河东乐世"相印证，可见记载是有根据的。唐代曾继续开凿，在半岛东侧挖了一条运河，叫开元新河，又名娘娘河。

本段有些记载不见于他书，可补史实之缺。不过崤山一带，山势高峻，交通闭塞，可能情况不明，个别河流的流经和现在实际不符，不尽正确。有研究者指出千崤水是崤水支流，不是两条并流向北注入黄河的河流。

十二、荥阳至滑台城

本文选自卷五《河水注》。

黄河在今河南郑州市附近,逐渐摆脱了山地的约束,进入了广阔的大平原。以多泥沙著称的黄河,流到下游以后,因为泥沙不断沉积,经常造成泛滥决口。今郑州市附近荥阳到滑县之间的古黄河,是战国以前至金代之间长期通行的河道,金代以后才逐渐南移。现在有些地段,还断断续续存在着高出地面约 2—3 米,宽约 10—20 公里的古河道遗迹,有的地方残存的古河堤高达 10 米,在今麦浪滚滚的肥沃土地或绵延的沙地上,古代曾是交通的要津,洪水的肆虐之地,一些著名的水利工程载入了史册,为后人所缅怀。

[又东过荥阳县北,蒗荡渠出焉]

大禹塞荥泽①,开之以通淮②、泗③,即《经》所谓蒗荡渠④也。汉平帝⑤之世,河汴⑥决坏,未及得修,汴渠东侵,日月弥广,门闾故处,皆在水中。汉明帝永平十二年⑦,议治汴渠,上乃引乐浪⑧人王景⑨,问水形便。景陈利害,应对敏捷,帝甚善之。乃赐《山海经》、《河渠书》⑩、《禹贡图》⑪,及以钱帛。后作堤,发卒数十万,诏景与将作谒者⑫王吴治渠,筑堤防修堨⑬,起自荥阳⑭,东至千乘⑮海口,千有余里。景乃商度地势,凿山开涧,防遏⑯冲要,疏决壅积。十里一水门⑰,更相回注⑱,无复渗漏之患。明年渠成,帝亲巡行,诏滨河郡国,置河堤员吏,如西京⑲旧制。景由是显名,王吴及诸从事者,皆增秩一等。顺帝阳嘉⑳中,又自汴口㉑以东,缘河积石为堰,通渠,咸曰金堤㉒。灵帝建宁㉓中,又增修石门,以遏渠口,水盛则通注,津耗则辍流。

河水又东北，径卷㉔之扈亭㉕北。《春秋左传》㉖曰：文公七年㉗，晋赵盾㉘与诸侯盟于扈；《竹书纪年》：晋出公十二年㉙，河绝㉚于扈；即于是也。河水又东，径八激堤㉛北。汉安帝永初七年㉜，令谒者太山㉝于岑，于石门东，积石八所，皆如小山，以捍冲波，谓之八激堤。河水又东，径卷县北，晋楚之战，晋军争济，舟中之指可掬㉞；楚庄㉟祀河，告成㊱而还，即是处也。河水又东北，径赤岸固㊲北而东北注。

[又东北，过武德县东，沁水从西北来注之]

河水自武德县㊳，汉献帝延康元年㊴，封曹睿为侯国，即魏明帝㊵也。东至酸枣县㊶西，濮水㊷东出焉。汉兴三十有九年㊸，孝文㊹时，河决酸枣，东溃金堤，大发卒塞之。故班固㊺云：文堙枣野，武作《瓠歌》㊻；谓断此口也，今无水。河水又东北，通谓之延津㊼。石勒㊽之袭刘曜^㊾，途出于此，以河冰泮^㊿为神灵之助，号是处为灵昌津。昔澹台子羽^㊴赍^㊵千金之璧渡河，阳侯^㊳波起，两蛟^㊹挟舟。子羽曰：吾可以义求，不可以威劫。操剑斩蛟，蛟死波休，乃投璧于河，三投而辄跃出，乃毁璧而去，示无吝意。赵建武^㊺中，造浮桥于津上，采石为中济，石无大小，下辄流去，用工百万，经年不就。石虎^㊻亲阅作工，沈璧于河。明日，璧流渚上，波荡上岸，遂斩匠而还。

[又东，过燕县^㊼北，淇水自北来注之]

河水于是有棘津^㊽之名，亦谓之石济津，故南津也。《春秋》僖公二十八年^㊾，晋将伐曹^㊿，曹在卫^㊱东，假道于卫，卫人不许，还自南河济，即此也。晋伐陆浑^㊲，亦于此渡。宋元嘉^㊳中，遣辅国将军萧斌^㊴率宁朔将军王玄谟^㊵北入^㊶，宣威将军垣护之^㊷以水军守石济，即此处也。

河水又东，淇水^㊸入焉。又东径遮害亭^㊹

南。《汉书·沟洫志》曰：在淇水口东十八里，有金堤，堤高一丈，自淇口⑦东，地稍下，堤稍高，至遮害亭，高四、五丈。又有宿胥口⑦，旧河水⑦北入处也。河水又东，右径滑台城⑦北。城有三重，中小城谓之滑台城。旧传滑台人自修筑此城，因此名焉。城即故郑廪延邑⑦也。

① 荥泽：故址在今河南郑州市古荥镇北，汉以后逐渐淤塞。　② 淮：淮水，今淮河。　③ 泗：泗水，故道上游即今山东泗河，济宁市以南相当大运河一线，到江苏徐州市沿废黄河注入淮河。　④ 蒗荡渠：一作狼汤渠，即鸿沟、渠水。故道从今河南郑州市西北黄河分出，东经郑州、中牟、开封折向南，又流经扶沟、太康、淮阳等地，到沈丘注入颍河。　⑤ 汉平帝：1—5 年在位。　⑥ 汴：汴水，一作卞水、汴渠，即蒗荡渠；魏晋以后，开封市以东一段至徐州市注入泗水，唐宋时称为古汴河；隋开运河，开封市以南流至江苏泗洪注入淮河的通济渠，称为汴河或汴渠。这里指的是东汉汴渠。　⑦ 永平十二年：69 年。　⑧ 乐浪：郡名。汉武帝元封三年（前 108）置，治朝

鲜县，故址在今朝鲜平壤市附近。西晋末地入高句骊。
⑨ 王景：字仲通，东汉乐浪诎邯（今朝鲜平安南道境）人，祖籍琅邪不其（今山东即墨市西南）。水利学家，因修汴渠有功，升为河堤谒者，后历任徐州刺史、庐江太守等职。　⑩《河渠书》：或即《史记·河渠书》。　⑪《禹贡图》：《禹贡》是战国时的地理著作，《禹贡图》未见著录。　⑫ 将作谒者：负责宗庙、宫室、陵园等营造工程和绿化的官员。《续汉书·百官志》将作大匠，刘昭注引蔡质《汉仪》说：光武中元二年（57）省，谒者领之，章帝建初元年（76）复置。　⑬ 堨：堰。　⑭ 荥阳：秦置县，故址在今河南郑州市西北古荥镇，北魏移治今荥阳市。今古荥镇西南纪公庙有明正统八年（1443）《荥泽忠烈侯庙记》碑，碑记说"郑州荥泽县西有汉荥阳旧城"，明荥泽县在今古荥镇；又据《济水注》记载，须水东北流至荥阳城西南北注索水，索水径荥阳故城南，引蔡伯喈《述征赋》：其城跨倚冈原，居山之阳；现在溱河、须水河在古荥镇西南汇合东流，镇在广武山麓，与《水经注》描述的形势符合。《史记·殷本纪》张守节正义引《括地志》和《寰宇记》卷九郑州荥泽县都说，北魏太和前的荥阳县在荥泽县西南十多里。唐、宋荥泽县在广武山北。　⑮ 千乘：故址在今山东高青县高镇（高苑镇）北。

汉置县,为千乘郡治(东汉改为乐安国),晋县废。　⑯遏:抑止。　⑰十里一水门:因记载比较简略,这一河工的具体内容,目前说法不一。一种解释是,黄河下游为了防止决口,一般修有缕、遥两重堤,水门建在险工段的缕堤上,汛期洪水可以从水门泄出,洪峰过后,在缕堤外、遥堤内沉积的清水,再由下一水门归槽,以起到减水、滞洪、放淤和清水冲刷河床泥沙的作用。　⑱更相回注:河水往复流通。　⑲西京:这里是指西汉,因西汉都于长安,故称。　⑳阳嘉:132—135年,根据《济水注》顺帝时在汴口筑堤在阳嘉三年(134)。　㉑汴口:汴水引黄河水的水口。故址在今河南荥阳市北的广武山北,已湮没。　㉒金堤:汉代对黄河大堤的称呼,取其坚固之意。　㉓建宁:168—171年,根据《济水注》增修石门在建宁四年(171)。　㉔卷:战国魏邑。西汉置县,北齐废。故址在今河南原阳西南的原武镇西北圈城。　㉕扈亭:《续汉书·郡国志》河南尹卷县有扈城亭。故址在今原阳西南的原武镇西。　㉖《春秋左传》:即《左传》,或作《左氏春秋》。相传春秋时左丘明撰,一般认为是战国初年人根据各国的史料编成,起于鲁隐公元年(前722),终于鲁悼公四年(前464)。　㉗文公七年:前620年。　㉘赵盾:晋襄公、灵公、成公时曾掌握晋国(在今山西一带)国政。　㉙晋出公十二年：前463年。　㉚绝：断流。因上游决口，水流改道，或天旱水枯，水源断绝，造成下游断流。　㉛八激堤：是保护险工段具有挑流作用的河工建筑物，《汉书·沟洫志》颜师古注："激者，聚石于堤旁冲要之处，所以激去其水也。"故址在今原阳西南原武镇西北的古黄河南岸。　㉜永初七年：113年。　㉝太山：郡名。西汉置，治奉高(今山东泰安市东北)，北魏移治博平(今泰安市西南)，北齐改为东平郡。太，通泰。　㉞舟中之指可掬：《左传》宣公十二年(前597)，晋中军、下军争舟，舟中之指可掬也。意为抢船争渡时，先上船的人用刀砍断攀着船舷的人的手指，船中砍断的手指多得可以双手捧起来。　㉟楚庄：即楚庄王，前613—591年在位。　㊱告成：事见《左传》宣公十二年。杜预注：祀先君，告战胜。　㊲赤岸固：故址在今原阳西南的原武镇北一带。　㊳武德县：秦置，十六国时废。故址在今河南武陟东南大城村。　㊴延康元年：220年。　㊵魏明帝：206—239年，魏文帝曹丕子，226—239年在位。　㊶酸枣县：秦置，北齐省；隋开皇三年(583)复置，宋政和七年(1117)改名延津县。秦至北魏太和中故址在今河南原阳北延州。北魏故址在今延津东、西、南古墙村北,唐宋故址在东、西、南古墙村一带。酸枣是植物名,灌木,适宜于沙地生长,今延津县残存的黄河古堤上仍多野生酸枣,古酸枣县因此得名。　㊷濮水:一名别濮水。从古黄河分出,向东注入北济,北魏时一度断流,宋以后湮塞,故道在今延津境。　㊸汉兴三十有九年:汉元年(前206)刘邦称帝,后三十九年是文帝十二年(前168)。《汉书·文帝纪》记载,这一年黄河在东郡决口。　㊹孝文:即孝文帝(前202—前157),前180—前157年在位。　㊺班固:32—92年,字孟坚,东汉扶风安陵(今陕西咸阳市东北)人,史学家,撰有《汉书》。　㊻武作《瓠歌》:武指汉武帝(前156—前87),前140—前87年在位。元光三年(前132),黄河在瓠子(今河南濮阳西南)决口,元封二年(前108),武帝亲自率领群臣堵塞决口,作《瓠子之歌》,载《汉书·沟洫志》。　㊼延津:古黄河渡口。在今河南滑县(道口镇)西南。《元和志》卷八滑州灵昌县:"延津,即灵昌津也,在县东北二十二里。"唐滑州在今滑县(道口镇)东南城关(滑县旧址),灵昌县在其西南七十里。　㊽石勒:273—333年,字世龙,上党武乡(今山西榆社北)人,羯族。十六国时后赵的创建者,319—333年在位。㊾刘曜:?—329年,字永明,屠各族。十六国时前赵国君,

318—329 年在位。　㊾ 河冰泮：泮，融解。《太平御览》卷七十一地部引《异苑》，石勒渡黄河时，河冰融解，舟楫通行无阻，遂擒刘曜。《元和志》卷八滑州灵昌县下则记载，石勒过黄河时，河水结冰，大军渡过后，河冰融化。两说不同。　㋼ 澹台子羽：传说中的人物，见《太平御览》卷九百三十鳞介部引《博物记》）。　㋽ 赍：携带。　㋾ 阳侯：传说中的波涛之神。《淮南子·览冥训》：高诱注："阳侯，陵阳国侯也。其国近水，溺水而死，其神能为大波，有所伤害，因谓之阳侯之波。"㋿ 蛟：传说中的动物。　㊄ 赵建武：赵，指十六国后赵。建武（335—351）是后赵石虎在位时的年号。《太平御览》卷一百二十偏霸部引《十六国春秋》，石虎在黄河上造浮桥在建武十年（344）。　㊅ 石虎：295—349 年，字季龙，十六国后赵国君，334—349 年在位。　㊇ 燕县：秦置县，十六国时改名东燕。故址在今延津东北张杏庄一带。　㊈ 棘津：古黄河渡口。在今河南卫辉市东南。《元和志》卷 16 卫州汲县："黄河西自新乡县界流入，经县南，去县七里谓之棘津，亦谓之石济津。"唐汲县即今卫辉市；今延津西北有汲津铺，一说即古棘津，其地在卫辉市东南，与记载相符。　㊉ 僖公二十八年：前632 年。　㊀ 曹：春秋国名，在今山东西南一带，国都在陶丘

（今山东定陶）。 ㉛卫：春秋国名，在今河南东北一带，当时国都在楚丘（今河南滑县东）。 ㉒陆浑：在今河南嵩县东北古城一带，春秋戎地，汉置县。 ㉓元嘉：南朝宋文帝刘义隆的年号，424—453年。 ㉔萧斌：？—453年，南兰陵郡（今江苏常州市一带）人，曾任刘宋豫章太守，辅国将军、青冀二州刺史等职。 ㉕王玄谟：388—468年，字彦德，祖籍太原郡祁县（今属山西）人。曾任刘宋汝阴太守、彭城太守、冀州刺史、豫州刺史、徐州刺史等职。 ㉖北入：指进攻北魏。㉗垣护之：395—464年，字彦宗，祖籍略阳桓道（今甘肃陇西南）人。曾任刘宋钟离太守、冀州刺史、徐州刺史等职。㉘淇水：今河南淇河，古代为黄河支流。 ㉙遮害亭：故址在今河南浚县西南。 ㉚淇口：即淇水口。在今浚县西南的淇门以南。《清水注》说："清口即淇河口也。"这是魏晋以后的情况，魏晋以前的清水在朝歌（今河南淇县）注入黄河，淇水在黎阳（今浚县）注入黄河。 ㉛宿胥口：在今河南浚县西南。 ㉜旧河水：这是战国筑堤以前的黄河河道。 ㉝滑台城：南朝宋、北魏时为白马县、东郡、兖州治所，故址在今滑县（道口镇）东南城关。 ㉞郑虞延邑：郑，春秋国名，在今河南中部一带，当时国都在新郑（今河南新郑市）。杨守敬认为廪延是卫邑。

　　黄河历史上以善淤、善决、善徙闻名于世。据不完全统计,三千年中,决口泛滥约一千五百多次,其中重大改道几十次。西汉一代,有记载的决溢共九次,其中包括本《注》中提到的酸枣决口、瓠子决口。

　　王莽之世,黄河再次决口,近六十年未能整治,东汉永平十二年(69)明帝命王景进行治理。王景是一个水利专家,他动员了数十万民工,测量地形,疏浚壅塞,修筑堤坝,设置水闸,完善防护设施,修治从荥阳(今河南郑州市西北古荥镇)到千乘(今山东高青北)海口的河道,使黄河相对安定了约八百年,直到唐末以后河患才重新加剧。这一段时期黄河能够长期安流,虽然原因是多方面的,例如东汉以后,黄河上游山、陕峡谷区以西,畜牧业再次兴起,植被有所恢复,从而减少了河中的含沙量,可能是其中一个重要因素,但王景治河的贡献,也功不可没。

　　《注》"又有宿胥口,旧河水北入处也"虽短短十多字,却记录了黄河最早的河道,据近人考证,这条旧河水就是战国以前《山经》、《禹贡》中的黄河。

除王景治河外,同时在《注》中可以看到那时黄河两岸有堤,河中有挑流建筑物,还筑堰开渠,反映了当时历史条件下,我国在河工技术方面所取得的辉煌成就。

荥阳至滑台城

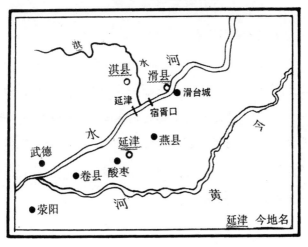

十三、广武涧

本文选自卷七《济水注》。

今河南荥阳市北广武山，古称三皇山(《元和志》)。山上现存两座古城遗址，东面一座叫霸王城，西面一座叫汉王城，两座遗址的北部已坍入黄河，中间是一条南北向的沟壑，就是《注》中的广武涧。这座现在看来并不险要的小山，二千二百年前，汉王刘邦、楚王项羽曾在这里进行一场殊死的战争。

济水①又东径西广武城②北，《郡国志》荥阳县有广武城，城在山上，汉所城也。高祖③与项羽④临绝涧⑤对语，责羽十罪⑥，羽射高祖中胸处也。山下有水，北流入济，世谓之柳泉⑦也。济水又东径东广武城⑧北，楚项羽城之。汉破曹咎⑨，羽还广武，为高俎⑩，置太公⑪其上，曰："汉不下，吾烹⑫之。"高祖不听；将害之，项伯⑬曰："为天下者不顾家，但益怨耳。"羽从之；今名其坛曰项羽堆。夹城之间，有绝涧断山⑭，谓之广武涧⑮。项羽叱⑯娄烦⑰于其上，娄烦精魄丧归⑱矣。

① 济水：一作泲水，是古代和长江、黄河、淮河并称的"四渎"（《尔雅·释水》）之一。渎是独流入海的大河，四渎中现在只有济水已经湮没不存。古人认为这条河流是穿过黄河的。黄河以北的济水，发源于今河南济源市西，东南流至武陟、温县一带注入黄河。黄河以南的济水，起自今荥阳市以北的广武山北麓古黄河口，东南流到郑州市北一带，《水经注》时代分为南北两支，南面的一支叫南济，北面的一支叫北济，两支都向东注入今山东巨野、郓城附近的古巨野泽，出巨野泽后，再东北大体经今东平湖、黄河及济南市以东的小清河入

海。 ②西广武城：故址在今河南荥阳市北广武山上。现俗称汉王城。 ③高祖：？—前195年，指汉高祖刘邦。字季，沛县(今属江苏)人。西汉王朝的建立者，前202—前195年在位。 ④项羽：前232—前202年，名籍，字羽，下相(今江苏宿迁市西南)人。秦亡后，自立为西楚霸王，在楚汉战争中，兵败自杀。 ⑤绝涧：深涧。《史记·高祖本纪》、《汉书·高祖纪》都作广武之间。"间"通"涧"。 ⑥责羽十罪：指责项羽十条罪状。十条罪状见《史记》、《汉书》。 ⑦柳泉：这里柳泉是向北流入济水的，现在汉王城、霸王城之间的深沟，北面就是滔滔黄河，这是由于黄河河道南移，古今地理形势发生变化的缘故。 ⑧东广武城：故址在今河南荥阳市北广武山上，现俗称霸王城，残迹尚存。 ⑨曹咎：项羽大司马，汉四年(前203)奉命守成皋(今河南荥阳市汜水镇西)，被汉军击破。 ⑩俎：古代割肉所用的砧板。《史记·项羽本纪》张守节正义引《括地志》：东广武城有高坛，即是项羽坐太公俎上者，今名项羽堆，亦呼为太公亭。 颜师古云：俎者，所以荐肉，示欲烹之，故置俎上。 ⑪太公：刘邦的父亲。汉二年(前205)被项羽俘虏。 ⑫烹：煮杀。 ⑬项伯：？—前192年，名缠，字伯，项羽的叔父。 ⑭绝涧断山：深涧把山隔断。汉王城、霸王城两遗址的中间,是一条南北向的深沟。
⑮ 广武涧:今名鸿沟。　　⑯ 叱:大声呵责。　　⑰ 娄烦:原
为民族名,分布在今山西西北部、内蒙古南部一带,以善射著
名,秦置县(今山西宁武附近)。这里是人名,当为类烦胡人,
刘邦的部下。《史记·项羽本纪》裴骃集解引应劭说:"娄烦
胡也,今楼烦县。"　　⑱ 精魄丧归:意为丧魂落魄,非常恐惧。

　　今广武山中间的深沟,沟口宽约 800 米,沟壁深达
200 米,汉高祖四年(前 203)楚汉相争时,项羽和刘邦
能够隔涧对语,项羽并且用箭射中了刘邦。1977 年

刘 邦　　　　　　　　项 籍

作者曾登临此山,按现在的地理形势观察,这是很困难的,表明两千多年来这里已发生很大的变化。这条大沟今名鸿沟,于是有的就误认它就是《史记·高祖本纪》羽"乃与汉王约,中分天下,割鸿沟而西者为汉,鸿沟而东者为楚"的楚汉分界线,也即象棋棋盘上楚河、汉界所在地。其实当时的鸿沟是从荥阳北引黄河,东南经今开封、通许、淮阳一带,南入古颍水的一条水道,为战国时修凿的著名水利工程。《高祖本纪》割鸿沟为界下,司马贞索隐引应劭说:"在荥阳东南三十里,盖引河东南入淮、泗也。"又引张华说:"一渠东南流,经浚仪,是始皇所凿,引河灌大梁,谓之鸿沟。"可见东汉、西晋人都认为楚、汉分界的鸿沟,是起自荥阳(今河南郑州市西北古荥镇)、东经大梁(今河南开封市)的鸿沟。现在广武山下的鸿沟长度不足一公里,显然不能作为楚、汉两大政治势力的分界线,根据《注》文的记述知道,它历史上叫广武涧而不是鸿沟。

十四、白狼水

本文选自卷十四《大辽水注》。

白狼水就是现在的大凌河,历史上为民族杂居区,东汉、十六国时,乌丸族和鲜卑族曾先后游牧于此,曹操征乌丸的历史事件就发生在这里。本节选自《大辽水注》,大辽水即今辽河。现在大凌河和辽河都独流入海,分属两个不同的水系。大凌河下游是一个扇形三角洲,河流分汊入海,主泓时有游荡;辽河下游历史上是大片沼泽,河道也容易摆动;在今大凌河下游和辽河下游间,仍有河渠断续相接。《注》引《魏土地记》说白狼水入辽,说明当时今大凌河下游主泓是自东流注辽河的。

辽水①右会白狼水②，水出右北平③白狼县④东南，径广成县北流，西北屈径广成县⑤故城南，王莽之平虏也，俗谓之广都城⑥。又西北，石城川水⑦注之，水出西南石城山⑧，东流径石城县⑨故城南，《地理志》右北平有石城县。北屈径白鹿山西，即白狼山⑩也。《魏书·国志》曰：辽西⑪单于⑫蹋顿⑬尤强，为袁氏⑭所厚，故袁尚⑮归之，数入为害。公⑯出卢龙⑰，堑山堙谷五百余里。未至柳城⑱二百里，尚与蹋顿将数万骑逆战。公登白狼山望柳城，卒⑲与虏遇，乘其不整，纵兵击之，虏众大崩，斩蹋顿，胡汉降者二十万口。《英雄记》⑳曰：曹操于是击马鞍，于马上作十片㉑，即于此也。《博物志》㉒曰：魏武于马上逢狮子㉓，使格㉔之，杀伤甚众。王乃自率常从健儿数百人击之。狮子哮呼奋越，左右咸惊。王忽见一物，从林中出，如狸㉕，超上王车轭㉖上。狮子将至,此兽便跳上狮子头上,狮子即伏不敢起,于是遂杀之,得狮子而还,未至洛阳四十里,洛中鸡狗皆无鸣吠者也[27]。其水又东北入广成县,东注白狼水。白狼水北径白狼县故城东,王莽更名伏狄。

白狼水又东,方城川水[28]注之,水发源西南山下,东流北屈径一故城西,世谓之雀目城[29],东屈径方城[30]北,东入白狼水。

白狼水又东北径昌黎县[31]故城西。《地理志》曰交黎也,东部都尉治,王莽之禽虏也。应劭曰:今昌黎也。高平川水[32]注之,水出西北平川,东流径倭城[33]北,盖倭地人徙之[34]。又东南径乳楼城[35]北,盖径戎乡,邑兼夷称也[36],又东南注白狼水。

白狼水又东北,自鲁水[37]注入,水导西北远山,东南注白狼水。白狼山又东北径龙山[38]西,燕慕容皝[39]以柳城之北,龙山之南[40],福地也,使阳裕筑龙城,改柳城为龙城县[41]。十二年[42],黑龙、白龙见于龙山,皝亲观,龙去二百步,祭以太牢,二龙交首嬉翔,解角而去[43],皝悦,大赦,号新宫曰和龙宫,立龙翔祠于山上。白狼水又北径黄龙城[44]东,《十三州志》曰:辽东属国都尉[45]治昌黎道[46],有黄龙亭者也;魏营州[47]刺史治。《魏土地记》曰:黄龙城西南有白狼河,东北流,附[48]城东北下,即是也。又东北,滥真水[49]出西北塞[50]外,东南历重山[51],东南入白狼水。

白狼水又东北出,东流分为二水,右水疑即渝水[52]也。《地理志》曰:渝水首受白狼水。西南巡[53]山,径一故城西,世以为河连城[54],疑是临渝县[55]之故城,王莽曰凭德者矣。渝水南流东屈与一水会,世名之曰榼伦水[56],盖戎方之变名耳,疑即《地理志》所谓侯水北入渝者也。《十三州志》曰:侯水南入渝;《地理志》盖言自北而南也。又西南流注于渝。渝水又东南径一故城东，俗曰女罗城(57)。又南径营丘城(58)西。营丘在齐(59)，而名之于辽燕(60)之间者，盖燕、齐辽回(61)，侨(62)分所在。其水又东南入海。《地理志》曰：渝水自塞外南入海。一水东北出塞为白狼水，又东南流至房县(63)注于辽。《魏土地记》曰：白狼水下入辽也。

① 辽水：即大辽水。今辽宁辽河。 ② 白狼水：今辽宁大凌河。 ③ 右北平：郡名。战国燕昭王时，在东胡作过人质的燕将秦开，熟悉当地情况，一举击败东胡，夺取其土地千余里，设置上谷、渔阳、右北平、辽西、辽东等郡。右北平郡，秦治所在无终（今天津市蓟州区），西汉治平刚（今河北平泉一带），东汉移治土垠（今河北唐山市丰润东）附近，西晋改为北平郡。 ④ 白狼县：西汉置，东汉废。魏晋以后白狼城仍为重镇，十六国北燕在此置建德郡，隋开皇初废。故址在今辽宁喀喇沁左翼蒙古族自治县西南黄道营子。 ⑤ 广成县：西汉置，东汉废。故址在今喀喇沁左翼蒙古族自治县南的南公营

子附近。　⑥广都城：十六国后燕、北燕有广都县，以汉广成

县的俗称为县名，北魏太平真君八年（447）改置。北齐废。

⑦ 石城川水：今喀喇沁左翼蒙古族自治县南渗津河。

⑧ 石城山：在今渗津河上源处。一说为今辽宁凌源市南郭家

店附近的帽子山，一说为今凌源市和喀喇沁左翼蒙古族自治

县交界处的窟窿山，但帽子山偏西，窟窿山偏南，与《注》所说

水出西南的方位不合，而且发源于两山的河流都不是渗津河

正源，按形势推测，似应在今渗津河西南一源的汤门子一带。

⑨ 石城县：西汉置，东汉废。十六国后燕复置，北燕为石城郡

治，北魏属建德郡，北齐废。故址在今喀喇沁左翼蒙古族自治

县西南山嘴子一带的渗津河北岸。　城，一作成。　⑩ 白狼

山：今喀喇沁左翼蒙古族自治县南太阳山。　⑪ 辽西：郡

名。战国燕昭王时置，秦汉治所在阳乐（今辽宁义县西），约三

国魏随郡治阳乐内迁到今河北滦县东，十六国前燕治令支（今

迁安市南），北燕治肥如（今卢龙北），北齐省入北平郡。

⑫ 单于：原来是匈奴最高首领的称号，后来其他以游牧为主

的民族首领，也有袭用这一称号。　⑬ 蹋顿：原来是匈奴首

领称号之一，这里是指乌丸首领。　⑭ 袁氏：指袁绍父子。

⑮ 袁尚：袁绍子，东汉建安七年（202），袁绍病死，幼子袁尚

掌权,建安九年曹操攻陷袁氏根据地邺城(今河北临漳西南),次年袁尚率残余与兄熙投靠辽西乌丸蹋顿。 ⑯公:曹操。 ⑰卢龙:塞道名。《三国志·魏志·武帝纪》作卢龙塞,《田畴传》作卢龙口。在今河北喜峰口、潘家口一带。自今天津市蓟州区东北,经河北遵化,沿滦河河谷,折东趋大凌河流域,是古代从今河北平原通往东北的重要交通道路。《滦水注》对卢龙塞有详细记载,一说在今卢龙北青龙河谷上的桃林口,青龙河谷通向大凌河流域虽然距离较近,但是和《滦水注》不合;又《田畴传》说,田畴向曹操建议,大军从无终(今蓟州区)退师,然再回军,乘乌丸戍备松懈出卢龙口,经空虚之地;如在今青龙河谷一带,已近当时乌丸居地,难以起到攻其无备的作用。 ⑱柳城:西汉置县,故址在今辽宁朝阳西南十二台。 ⑲卒:终于。 ⑳《英雄记》:即《汉末英雄记》,一作《汉书英雄记》,东汉王粲(177—217)撰。王粲是著名的建安七子之一,和曹操父子有密切交往。 ㉑十片:《太平御览》卷五百七十四乐部引《英雄记》作"于马上抃舞"。《文选》卷十八嵇康《琴赋》:"抃舞踊溢。"李周翰注:"两手相抚曰抃。"抃舞,就是因欢欣而鼓掌舞蹈。杨守敬说:十片二字不可解,十片为抃舞之误。 ㉒《博物志》:晋张华(232—300)撰。 ㉓狮子：常栖息在炎热的草原或沙地平原，产于亚洲西部和非洲。我国自古未见有产狮子的记载。狮，同师。《尔雅》兽部郭璞注：师子，出西域。《后汉书·西域传》章帝章和元年(87)安息(今伊朗一带)遣使献狮子，郭璞也说汉顺帝时疏勒(今新疆喀什市)献师子(同上注，疏勒也不产师子，当是西亚一带转来)，可证汉时师子是西域传来的珍贵动物。《太平御览》卷八百八十九兽部分为猛兽、师子等目，此段《博物记》列入猛兽一目，可见该书的编纂者也不认为《博物记》记载的真的是师子。　㉔ 格：击打。　㉕ 狸：《说文·豸部》段玉裁注："俗所谓野猫。"　㉖ 軶：套在马颈部的人字形马具。　㉗ 洛中鸡狗一句：东汉建安九年(204)曹操从袁氏手中取得邺城后，一直以邺城为根据地。根据《三国志·魏志·武帝纪》记载，建安十二年曹操出卢龙塞，击败辽西乌丸蹋顿后，同年九月从柳城班师，十一月至易水，十三年正月返邺。当时汉名义上的都城在许(今河南许昌东古城村一带)，曹操的根据地在邺，没有必要再回到洛阳。《博物记》的记载与史实不符，不可信。㉘ 方城川水：今辽宁凌源市、喀喇沁左翼蒙古族自治县境大凌河西支。　㉙ 雀目城：故址在今辽宁凌源市南。　㉚ 方城：故址在今辽宁凌源市大凌河西支南岸。　㉛ 昌黎县：西汉置交黎县,《汉书·地理志》交黎县为东部都尉治所,柳城为西部都尉治所,柳城故址在今辽宁朝阳西南无异说,因此西汉交黎应位于朝阳以东。东汉废柳城,移昌黎于此,为辽东属国治所,《续汉书·郡国志》辽东属国:西部都尉;首县昌辽。杨守敬说:"辽"是误字,即昌黎,有应劭注及《十三州志》为证。三国魏改辽东属国为昌黎郡,前燕在今朝阳市筑龙城,昌黎郡又移于此,后燕、北燕均都龙城,有昌黎尹,尹是官名,只有在京畿之地,因表示尊崇,才可以不称太守。龙城既是昌黎郡(尹)的治所,则昌黎县不在龙城,据本《注》,故址应在今喀喇沁左翼蒙古族自治县大凌河西支以北,牤牛河以南的大凌河东岸。《北齐书·文宣帝纪》记天保四年(553)高洋征契丹,自南而北经白狼城、昌黎城、营州,营州设在龙城,可证昌黎城确在白狼城和龙城之间,所以《注》所记不误,这是北魏前后的情况,但因并未弄清其前后变迁,将两汉昌黎的沿革在这里叙述是错误的。 ㉜ 高平川水:今喀喇沁左翼蒙古族自治县北牤牛河。 ㉝ 倭城:故址在今辽宁建平、喀喇沁左翼蒙古族自治县境牤牛河南岸。 ㉞ 倭地人徙之:古代在今辽宁大凌河流域有倭城、倭人,其他书没有记载,仅见于此。 ㉟ 乳楼城:故址当在今喀喇沁左翼蒙古族自治县牤牛河南岸。

㊱ 盖径戎乡二句：意思是高平川水流经少数民族居住的地方,聚邑名称也是少数民族的称呼。戎、夷都是对少数民族的泛称。　㊲ 自鲁水：今朝阳西老虎山河。　㊳ 龙山：今朝阳市东南凤凰山。　㊴ 慕容皝：297—348 年,慕容鲜卑部人,十六国前燕的建立者,333—348 年在位。　㊵ 龙山之南：《通鉴》卷九十六晋咸康七年(341)作"龙山之西"。　㊶ 龙城县：故址在今辽宁朝阳市。1958 年在今朝阳市西南八里堡出土的《大唐故人孙君墓志铭》载："葬于龙城西南六里之平原。"八里堡东北六里正在今朝阳市区内,历史上龙城未见有迁移的记载。　㊷ 十二年：即前燕慕容皝十二年(345)。
㊸ 黑龙、白龙见于龙山六句：见《太平御览》卷一百二十一偏霸部引《十六国春秋·前燕录》。这是慕容皝编造的故事,用来证明自己称王是天意,以愚弄百姓,巩固其统治。太牢,古代帝王祭祀时的牛、羊、豕三牲。　㊹ 黄龙城：即龙城。刘宋时,称北燕为黄龙国(《通鉴》卷一百二十二宋元嘉十二年),因为黄龙城是北燕的都城,所以这样称呼。　㊺ 属国都尉：汉武帝时设置,职掌边疆内属少数民族,东汉演变为政区,地位相当郡,主要设置在沿边各地。　㊻ 道：在少数民族聚居地区设置的地方行政机构,地位相当于县。　㊼ 营州：北魏

太平真君五年(444)置,五代初地入契丹。 ㊽ 附:靠近。㊾ 滥真水:今辽宁北票市东牤牛河。 ㊿ 塞:边塞。(51) 重山:连绵的山峦。 (52) 渝水:今辽宁大凌河下游。(53) 巡:沿。 (54) 河连城:东汉有扶(夫)黎县,后不见记载,河连应是扶黎、沃黎、沃连的异写,得名于医无虑山,当系当地乌丸、鲜卑等民族语言的汉语译名,所以写法不同。今辽宁义县西北万佛堂石窟北魏景明三年(502)《韩贞等造窟题记》"沃黎之西,建造私窟",题名有沃黎(又作沃连)戍队主,这里的沃黎、沃连,是指城、戍,不是指今医巫闾山,所以沃黎戍在今万佛堂以东今义县一带,河连城当在其处。 (55) 临渝县:西汉置,东汉时内迁今河北山海关一带。 (56) 榼伦水:今义县东细河。 (57) 女罗城:今义县东南王民屯附近的大凌河西岸。 (58) 营丘城:西晋末、十六国初慕容廆设置营丘郡,北魏一度废,所以这里称城。正光(520—524)末年复置,北齐废。故址在今辽宁凌海市境的大凌河东岸。 (59) 营丘在齐:周武王封吕尚(尚父)于齐,都营丘,后名临淄。故址在今山东淄博市东北临淄故城。齐是地区名,泛指今山东泰山以北黄河流域及胶东半岛广大地区,因春秋战国时属齐地,故名。(60) 辽燕:地区名。辽,泛指今辽河中下游地区,因位于辽水流域和战国燕时为辽东、辽西郡地，故名。燕，泛指今河北平原北部和东北南部广大地区，因战国前属燕地，故名，辽实际上也是燕地的一部分（见《汉书·地理志》），所以下文只提燕、齐。　⑥ 辽回：遥远。　⑥ 侨：东晋十六国、南北朝时，全国分裂，动乱不断，人民包括许多士族大量流迁，到一地后往往相聚居住。当地政权为了安抚这些流民，设置侨州郡县，并且沿用流民原籍贯地的地名作为新设的州郡县名。侨州郡县主要分布在东晋、南朝境内的长江、淮河流域，北方也有少量出现。这里的营丘城就是以侨郡得名。　⑥ 房县：故址在今辽宁盘山境。

乌丸，源出东胡族，一作乌桓，三国后"桓"多写作"丸"。汉武帝以前主要居住在今内蒙古自治区西拉木伦河流域，以后逐步南迁。东汉末，辽西乌丸首领蹋顿统一辽东、辽西、右北平三郡乌丸，势力强大。当时袁绍占有幽、冀、青、并四州之地，联合辽西乌丸蹋顿，封乌丸三王为单于，利用乌丸兵力扩展其政治势力。建安五年（200）官渡（今河南中牟北）之战，袁绍战败，不久死，袁绍子袁尚、袁熙逃到辽西,依附乌丸。曹操为了除去心腹之患,建安十一年(206),亲征乌丸于柳城,就是《注》中的白狼山之战,曹操取得大胜。后来曹操把归附的乌丸迁到内地,为曹操的统一大业作出了贡献,所以史载"三郡乌丸为天下名骑"(《三国志·魏志·乌丸鲜卑东夷传》)。

鲜卑,也原为东胡族的一支,秦汉时活动在今西拉木伦河流域,后分成许多部落,三国魏初,慕容部入居辽西。西晋永嘉之乱后,控制今辽宁辽河、大凌河下游的鲜卑慕容部首领慕容廆政治清明,招辑人才,吸引了大量中原人士避居境内,慕容廆以青州(治所在今山东淄博市东北临淄故城)人设置营丘郡,所以白狼水(今大凌河)流域也有营丘城。东晋咸康三年(337)慕容皝自称燕王,是为前燕,八年(342)建都龙城(今辽宁朝阳市),《注》中记载了筑龙城的经过。

在白狼水支流高平川水下,记载有倭地人的移民聚落倭城。这大概是公元 2 世纪时,被鲜卑檀石槐迁徙到这里定居的。《三国志·魏志·乌丸鲜卑东夷传》裴松之注引王沈《魏书》：鲜卑"檀石槐乃案行乌侯秦水，广袤数百里，淳不流，中有鱼而不能得。闻汗人善捕鱼，于是檀石槐东击汗国，得千余家，徙置乌侯秦水上，使捕鱼以助粮。至于今，乌侯秦水上有汗人数百户"。范晔《后汉书·乌桓鲜卑传》略同，但作倭人、倭人国。汗人，《后汉书》集解引惠栋说："汗"当作"污"，与"倭"同音，是当即《后汉书》倭人，也是《水经注》的倭人。王沈（？—266）《魏书》成书于三国末年，比范晔（398—445）《后汉书》要早一个半世纪多，离檀石槐（？—181）时代只有七八十年，"至于今，乌侯秦水上有汗人数百户"，说明了记载的是当时的事。今日本列岛上的居民，当时也叫倭人，汉魏时已经相互来往，但王沈《魏书》作"汗"不作"倭"，可见汗人、汗国和今日本列岛上的倭人并没有关系。有一种意见认为今赫哲族是历史上倭人的后裔，赫哲又写作黑金、黑斤、黑津、黑真，原来以鱼为主食，与《魏书》、《后汉书》"汗人善捕鱼"相合，黑斤、赫哲等速读也和"倭"音相近。乌侯秦水即今内蒙古老哈河，与辽宁大凌河支流牤牛河仅隔一分水岭，同为檀石槐时代鲜卑族的居地,《注》中的倭人,可能也是从那时迁来的。这为我们研究古代移民史提供了具体的材料。

本段记载的白狼水各支流,脉络分明,和现在实际形势相对照,几乎可以一一对应,反映了古代对这一带地理知识的丰富。

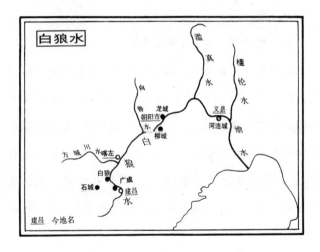

十五、三江

本文选自卷二十九《沔水注》。

古代长江下游分汊入海,三江是三条主要的入海干流。《尚书·禹贡》:"三江既入,震泽底定。"后世注释家对三江的诠释很多,诸说纷纭,莫衷一是,但震泽即今太湖并无歧义,所以三江必然和太湖有关。本段选自《沔水注》,沔水就是现在的汉江,汉江在今湖北武汉市北向南注入长江,《水经》说长江与沔水交汇处以下,也可称为沔水。

松江①自(太)湖东北流,径七十里,江水奇②分,谓之三江口③。《吴越春秋》④称:范

范蠡泛舟五湖三江

蠡[5]去越,乘舟出三江之口,入五湖之中者也。

此亦别为三江五湖,虽名称相乱,不与《职

方》[6]同。庾仲初[7]《扬都赋·注》[8]曰:今太湖东注为松江，下七十里有水口分流，东北入海为娄江⑨，东南入海为东江⑩，与松江而三也。《吴记》⑪曰：一江东南行七十里，入小湖⑫，为次溪，自湖东南出，谓之谷水⑬。谷水出吴小湖，径由卷县⑭故城下。《神异传》⑮曰：由卷县，秦时长水县也，始皇时，县有童谣曰：城门当有血，城陷没为湖。有老妪闻之，忧惧，旦往窥城门，门侍欲缚之，妪言其故。妪去后，门侍煞⑯犬，以血涂门。妪又往见血，走去不敢顾。忽有大水长，欲没县。主簿⑰令干⑱入白令⑲，令见干，曰：何忽作鱼？干又曰：明府⑳亦作鱼，遂乃沦陷为谷矣。因目长水城水曰谷水也。《吴记》曰：谷中有城，故由卷县治也。即吴之柴辟亭㉑，故就李乡㯕李之地，秦始皇恶其势王，令囚徒十余万人污其土，表以污恶名㉒，改曰囚卷，亦曰由卷也。吴黄龙三年㉓，有嘉禾生卷县，改曰禾兴，后太子讳和改为嘉兴㉔，

《春秋》之槜李城㉕也。谷水又东南径嘉兴县城西,谷水又东南径盐官县㉖故城南,旧吴海昌都尉治,晋太康中分嘉兴立㉗。《太康地道记》㉘吴有盐官县,乐资《九州志》㉙曰:县有秦径山㉚,秦始皇径此,美人死,葬于山上,山下有美人庙。谷水之右有马皋城㉛,故司盐都尉城,吴王濞㉜煮海为盐,于此县也,是以《汉书·地理志》曰:县有盐官,东出五十里有武原乡,故越地也。秦于其地置海盐县㉝,《地理志》曰:县故武原乡也。后县沦为柘湖㉞,又徙治武原乡,改曰武原县㉟,王莽名之展武㊱。汉安帝时,武原之地,又沦为湖㊲,今之当湖㊳也,后乃移此。县南有秦望山㊴,秦始皇上所登以望东海,故山得其名焉。谷水于县南出为澉浦㊵,以通巨海。

① 松江:今吴淞江。　② 奇:一作歧。引申为异出。

③ 三江口：具体位置已难确定，大致在今江苏苏州市东南甪直以西、澄湖以北一带。　④《吴越春秋》：东汉赵晔著。记载吴太伯至夫差、越无余至勾践时的史事和传说。　⑤ 范蠡：春秋末期越国大夫，协助越王勾践灭吴，后功成身退，以经商致富，史称陶朱公。　⑥《职方》：《周礼·夏官》中的一篇，因职方是掌管地理图籍和土地的官员，故名。是我国最早的地理著作。　⑦ 庚仲初：即庚阐，晋颍川鄢陵（今河南鄢陵北古城）人。东晋时曾任彭城（今江苏徐州市）内史、零陵（今属湖南）太守等职。　⑧《扬都赋》：今不传。西晋太康二年（281）扬州从寿春（今安徽寿县）移治秣陵（今江苏南京市），东晋时定为都城。这里的扬都即指今南京市。　⑨ 娄江：相当今江苏省和上海市嘉定区之间的浏河。　⑩ 东江：三江中最南一江，已湮没。　⑪《吴记》：本《注》内容与《史记·夏本纪》张守节正义引顾夷《吴地记》内容相同。顾夷为晋代吴郡主簿。另晋张勃也撰有《吴地记》。　⑫ 小湖：约在今淀山湖一带。　⑬ 谷水：东江中下游，已湮没。　⑭ 由卷县：秦置，治今浙江嘉兴市南。"卷"又作"拳"。　⑮《神异传》：晋干宝《搜神记》长水县下有相同故事。　⑯ 煞：同杀。　⑰ 主簿：官名。这里指的是县的属官。　⑱ 干：郡县的低级

小吏。　⑲ 令：县的最高长官。　⑳ 明府：一般是郡一级最高长官的别称。小说不一定用规范的称呼，这里即指县令。㉑ 柴辟亭：春秋时吴、越两国交界处。　㉒ 秦始皇恶其势王三句：《续汉书·郡国志》刘昭注引干宝《搜神记》：秦始皇东巡，望气者云"五百年后，江东有天子气"。始皇至，令囚徒十万人掘污其地，表以恶名，故改之曰由拳县。今本《水经注》污其土，上似脱"掘"字，恶名上的"污"字似又衍。　㉓ 黄龙三年：231 年。　㉔ 改为嘉兴：事在赤乌五年（242）。　㉕ 檇李城：《春秋·定公十四年》（前 496）越败吴于此。　㉖ 盐官县：治今浙江海宁市西南盐官镇。　㉗ 晋太康中分嘉兴立：一说三国吴置。《三国志·吴志·陆逊传》：孙权时"出为海昌屯田都尉，并领县事"。事在东汉建安初年，则县当置于东汉末，因当时孙氏已经据有江东，所以说吴置。　㉘《太康地道记》：地理总志，全书已佚。　㉙ 乐资《九州志》：约晋时著作，全书已佚。　㉚ 秦径山：今浙江海盐南 10 公里秦山，建核电站于此。　㉛ 马皋城：今浙江海盐。相传春秋吴越交战时，遭遇大风，车坏马失，骑士坠死，马匹嚎叫，因名。　㉜ 吴王濞：前 215—前 154 年。沛县（今属江苏）人，刘邦侄，封为吴王。他在境内发展生产，扩张势力。景帝时，因削夺王国封地,联合楚、赵等诸侯王起兵反对,兵败被杀。　㉝ 海盐县:秦置。故治约在今上海市金山区张堰镇南,西汉末,徙治今浙江平湖市东,东汉永建二年(127)迁今平湖市益山一带。东晋咸康七年(341)又移至今海盐县附近。　㉞ 柘湖:约在今上海市金山区东南张堰、山阳、漕泾、朱行镇之间。唐代记载有340多平方公里,明代已淤积成陆。　㉟ 武原县:西汉海盐县,王莽改名展武,因武原乡得名,不是展武以前县名武原,本《注》不可信。　㊱ 展武:清乾隆《乍浦志》等记载,清初在乍浦南三里许海中,低潮时曾出现古遗址,中有王莽"天凤五年展武县官秤锤"一个。　㊲ 又沦为湖:《续汉书·郡国志》吴郡海盐县,刘昭注:县之故治,顺帝时陷而为湖,今谓为当湖,大旱湖竭,城郭之处可识。《方舆纪要》引《吴地记》作顺帝永建二年。本《注》作安帝时,安帝当为顺帝之误。　㊳ 当湖:今浙江平湖市东的东湖一带。　㊴ 秦望山:即上秦径山。　㊵ 澉浦:已湮。今浙江海盐南有澉浦镇。

　　本《注》主要采自晋代吴郡主簿顾夷《吴地记》和庾仲初《扬都赋·注》的记载,那时长江入海口一带地区属于吴郡,顾夷既是吴郡官员,自然熟悉本地情况。根据《注》文及其他文献和实际地理情况,松江源出太湖后,东北流至古三江口,一分为三。三江口的具体位置,已不知所在,据考证约在今江苏甪直以西、澄湖以北,从这里一支东北流,称为娄江,一称下江,流经路线历史上变化不大,故道大致和今江苏省与上海市嘉定区之间的浏河相近,"浏"一作"刘",即"娄"的音转。当时位于太仓市东北不远处入海。一支即松江,综合《汉书·地理志》、《吴地记》和《寰宇记》等书记载,春秋末,吴王阖闾为防越族一支外越人从海上来犯,在松江口沙洲上筑有南武城,故址在今上海市闵行区纪王镇西南坞城巷村附近,其地正位于冈身地带,松江东流至此入海。一支东南流入杭州湾,称为东江,一称上江。由于东江早已湮没,故道踪迹很难确指,据有关记载分析,它的径流大致可分为三段。北段为湖荡形态,自三江口南下流入白蚬湖、小湖,据史载里距测算,约都在今淀山湖一带。从《注》中提到的小湖流出以后称为谷水,相当唐宋以来记载的三泖。南段为入海河段,当时长江三角洲南岸顶端位于现在海岸线以外的王盘山,东江在古三角洲上呈放射状分汊入海。据本《注》、《吴郡图经续记》和《宋史·河渠志》等记载，一支在浙江海盐县澉浦入海，一支在浙江平湖市东芦沥浦入海，一支在上海市金山区小官浦入海。澉浦、芦沥浦和小官浦在清代以前已经淤塞，今海盐县有澉浦镇，平湖市东新仓镇即明清芦沥市，小官浦相当今张泾河（今张泾河畔的金山卫城区，明初

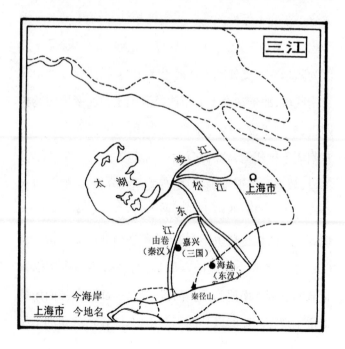

称小官镇），这些地名大致反映了东江尾闾故道的流向。历史文献中的东江故道流向不尽一致，因在有文献记载时期，长江三角洲已形成稠密的河网，原有形态已遭受破坏，产生记载差异的原因，正如《绍熙云间志》所说："盖支派之异也。"也就是说由于各河流都相互贯通，各家所记主河道不同的缘故。《水经注》的记录为三江流向提供了重要线索。但三江有时也是一个笼统的名字，范蠡游于"三江五湖"的三江，则泛指河网地带，不一定具体有所指了。

《注》引用《神异传》城沦为湖的传说，旧时江南一带民间还很流行。据地方志书和现代调查，江南湖泊中往往发现有聚落遗址、古井、古河道等，文献也不断有城陷为湖的记载，这个故事，是历史上长江下游曾经历过沧海桑田变化的反映。

十六、淮水

本文选自卷三十《淮水注》。

淮河发源于今湖北、河南交界处的桐柏山太白顶，向东流经河南、安徽、江苏三省，通过洪泽湖分流南注长江和东入黄海。它是我国地理上的重要分界线，干流以北为暖温带半湿润区，以南为亚热带湿润区；其位置大致与一月平均气温0℃等温线相一致，此线以北的河流在冬季时结冰，以南的河流冬季则常年不冻；在农业上，淮河以北适宜两年三熟制，以南适宜一年两熟制。淮河是一条呈羽状水系的河流，从《淮水注》中可以看到，河以北的支流，大都东南向注入淮河；河以南的支流，则大都东北向注入淮河。

历史上淮河流域是中原文化发祥地之一，为最早开发的地区，传说中殛鲧于羽山，大禹会诸侯于涂山，都发生在这一带。古代淮河长期和长江、黄河、济水（已湮）一样，都是独流入海的大河，这四条河流称为"四渎"，是历代帝王祭祀的大川，说明了它在当时人们心目中的地位。在我国政治上分裂时期，偏安南方的朝廷，又时常把淮河视作长江以北的第一道防线，如三国、东晋十六国、南北朝、五代十国、宋金等时期，淮河往往就是南北政权互相争夺的地带或分界线。由于淮河流域地位的特殊性，所以曾在此发生过无数震撼历史的事件，如秦汉间陈胜、吴广大泽乡起义，刘邦败项羽于垓下，东晋与前秦之间的淝水之战等等。《水经注》时代，北魏的南界正在淮河一线，作为北魏官吏的作者郦道元曾因公几次亲自到过这一带，并进行过调查访问，这是他足迹最南的地方。这里选的是《淮水注》的全文，反映了6世纪前期以前淮河流域自然和人文的全貌。

［淮水出南阳平氏县胎簪山^①，东北过桐柏山］

《山海经》曰：淮出余山，在朝阳^②东，义乡^③西。《尚书》^④：导淮自桐柏。《地理志》曰：南阳^⑤平氏县^⑥，王莽之平善也。《风俗通》^⑦曰：南阳平氏县桐柏大复山^⑧在东南，淮水所出也。淮，均也。《春秋说题辞》^⑨曰：淮者，均其势也。《释名》^⑩曰：淮，韦^⑪也；韦绕扬州^⑫北界，东至于海也。《尔雅》曰：淮为浒^⑬。然淮水与醴水^⑭同源俱导，西流为醴，东流为淮。潜流地下三十许里，东出桐柏之大复山南，谓之阳口^⑮，水南即复阳县^⑯也。阚骃言复阳县，胡阳^⑰之乐乡也。宣帝元康元年^⑱置，在桐柏大复山之阳，故曰复阳也。《东观汉记》^⑲曰：朱祐^⑳少孤，归外家^㉑复阳刘氏。山南有淮源庙^㉒，庙前有碑，是南阳郭苞立。又二碑，并是汉延熹^㉓中守、令所造，文辞鄙拙^㉔，殆不可观。故《经》云东北过桐柏也。淮水又东径义阳县㉕，县南对固成山㉖。山有水，注流数丈，洪涛灌山，遂成巨井，谓之石泉水㉗，北流注于淮。淮水又径义阳县故城南，义阳郡治也，世谓之白茅城，其城圆而不方。阚骃言晋太始㉘中，割南阳东鄙之安昌㉙、平林㉚、平氏、义阳四县，置义阳郡于安昌城。又《太康记》㉛、《晋书地道记》并有义阳郡，以南阳属县为名。汉武帝元狩四年㉜封北地都尉卫山为侯国也。有九渡水㉝注之，水出鸡翅山㉞，溪涧潆委㉟，沿溯九渡矣。其犹零阳㊱之九渡水㊲，故亦谓之为九渡焉。于溪之东山有一水，发自山椒下数丈，素湍直注㊳，颓波委壑㊴，可数百丈，望之若霏幅练矣㊵，下注九渡水。九渡水又北流注于淮。

［又东过江夏平春县北］

淮水又东，油水㊶注之，水出县西南油溪。东北流径平春县㊷故城南，汉章帝建初四年㊸，封子全为王国。油水又东曲，岸北有一土穴，径尺,泉流下注,沿波三丈,入于油水,乱流南屈,又东北注于淮。淮水又东北径城阳县[44]故城南,汉高帝十二年[45],封定侯奚意为侯国,王莽之新利也,魏城阳郡治[46]。

淮水又东北与大木水[47]合,水西出大木山[48],山即晋车骑将军祖逖[49]自陈留[50]将家避难所居也。其水东径城阳县北而东入于淮。淮水又东北流,右会湖水[51],傍川西南出,穷溪得其源也。淮水又东径安阳县[52]故城南,江国也,嬴姓矣。今其地有江亭,《春秋》文公四年[53],楚人灭江,秦伯[54]降服出次[55],曰:同盟灭,虽不能救,敢不矜[56]乎?汉乃县之,文帝八年[57],封淮南厉王子刘勃为侯国,王莽之均夏也。

① 胎簪山:今河南桐柏西太白顶。《清统志》南阳府山川引《禹贡疏》,盖桐柏山之旁小山也;又引《寰宇记》,山在县西北三十里(今本《寰宇记》无此文)。 ② 朝阳:汉置县,南朝宋废。故址在今河南新野西南张庄。 ③ 义乡:南朝梁曾

置义乡县,隋改名桐柏。故址在今桐柏东固县镇一带。
④《尚书》:书名。尚,通"上",是上古历史文献和追述古史
著作的汇编,相传是孔子编选而成。汉初,伏生传二十九篇,
称《今文尚书》;武帝末,传出自孔子家壁经孔安国校订,后在
东晋时由豫章内史所上的五十九篇,称《古文尚书》。今通行
本是这两种书的合编。 ⑤南阳:郡名。秦置,治宛县(今河
南南阳市)。隋废。 ⑥平氏县:汉置,宋废。故址在今桐柏
西北平氏镇。 ⑦《风俗通》:书名,即《风俗通义》。东汉应
劭撰。 ⑧桐柏大复山:有两种解释,一种认为就是现在的
桐柏山,一种认为大复山是桐柏山的北面支峰。《续汉书·郡
国志》刘昭注引《荆州记》:桐柏淮源涌发,其中潜流三十里,
东出大复山南,山南有淮源庙。 ⑨《春秋说题辞》:作者不
详。今有多种辑本。这是一种解释纬义的书,纬书相对儒家
的经书而言,西汉末期以后盛行,其中保存了一些古代的天
文、地理等知识,但不少是神话迷信。 ⑩《释名》:书名,东
汉刘熙撰,以音同音近的字解释意义,推究事物得名的由来。
⑪韦:《太平御览》卷六十一地部引《释名》作"围"。 ⑫扬
州:古九州之一。《禹贡》:"淮、海惟扬州。"《职方》:"东南曰
扬州。"《尔雅》:"江南曰扬州。"一般泛指淮河以南的长江中

下游流域。　⑬　浒：水边。《尔雅》杜预注：大河溢出别为小水之名，即淮河决出称"浒"。　⑭　醴水：今河南桐柏、唐河境的三夹河。《清统志》南阳府山川：俗名三家河。　⑮　阳口：在今桐柏西北固庙。　⑯　复阳县：汉置县，晋废。故址在今桐柏西北固庙。　⑰　胡阳：一作湖阳。秦置县，晋废。故址在今唐河西南湖阳镇。　⑱　元康元年：前 65 年。⑲　《东观汉记》：东汉官修本朝纪传体史书。东观是洛阳宫中的藏书处，因当时在此修史，故名。　⑳　朱祐：？—48 年，字仲先，南阳宛（今南阳市）人。曾随光武帝刘秀起兵。㉑　外家：外祖父母家。　㉒　淮源庙：今名淮渎庙，在今桐柏县城东关。　㉓　延熹：东汉桓帝年号，158—166 年。㉔　鄙拙：浅俗拙劣。　㉕　义阳县：三国魏置，晋废，南朝宋复置，隋又废。故址在河南信阳市西北。　㉖　固成山：在今河南桐柏、湖北随州市交界处的田王寨一带。　㉗　石泉水：今发源于桐柏、随州市交界处朝阳洞，北流入淮河的水帘洞瀑布。　㉘　太始：即泰始，晋武帝年号，265—274 年。义阳郡不是太始时始置的，《宋书·州郡志》：魏文帝立，后省，晋武帝又立；《三国志·魏书·明帝纪》景初元年（237）已见义阳郡。太始当为复置。　㉙　安昌：西汉春陵县，东汉景陵县，三国魏黄初二年(221)改名安昌,隋仍名春陵,唐废。故址在今湖北枣阳市东南。　㉚ 平林:三国魏置县,唐废。故址在今随州市东北。　㉛《太康记》:即《太康地志》。晋初地理总志,作者不详。　㉜ 元狩四年:前 119 年。　㉝ 九渡水:今随州市东北出山店东九渡水,在李庄附近北注淮河。　㉞ 鸡翅山:今随州市东北祖师顶、桃花尖、马鞍山一带山岭。　㉟ 潆委:水流屈曲。　㊱ 零阳:西汉置县,隋改名零陵。故址在今湖南慈利。　㊲ 九渡水:今慈利九渡水。　㊳ 素湍直注:白色的水流急泻而下。　㊴ 颓波委壑:水流直落深沟。　㊵ 望之若霏幅练矣:远远望去好像一幅细密水雾组成的白练。今湖北随州市东北白水岩,瀑布高达 40 米。　㊶ 油水:今信阳市西北游河。　㊷ 平春县:东汉置,北魏废。故址在今信阳市西北。　㊸ 建初四年:79 年。　㊹ 城阳县:城,《汉书·地理志》作成。西汉置,东汉废;南朝梁复置,唐废。故址在今信阳市北长台关附近楚王城。　㊺ 汉高帝十二年:前 195 年。　㊻ 魏城阳郡治:《魏书·地形志》城阳郡,梁萧衍置,魏因之,领义兴等四县,无城阳县;另有城阳县,属仟城郡。《隋书·地理志》城阳县,旧废,梁置;又有义兴县,后魏城阳郡治。两书所记与《注》不同。熊会贞说,窃意梁复置城阳县并于治置城阳郡，至天监三年(504)，魏陷义阳，地入魏，不改，故郦氏云然。及东魏郡徙于义兴，而县度属仵城，《地形记》以武定(543—550)为说，《隋志》亦沿其说，遂与此殊耳。 ㊼ 大木水：今信阳市北明河。 ㊽ 大木山：今信阳市西北天目山。 ㊾ 祖逖：266—321 年，字士雅。晋范阳遒县(今河北涞水)人。东晋名将。 ㊿ 陈留：郡、县名。晋时陈留县已废，这里当指郡。西汉置郡，治陈留(今河南开封东南)，西晋移治小黄(今开封东北)，北魏移治浚仪(今开封市)，隋废。 (51) 湖水：在今信阳市东北。 (52) 安阳县：西汉置，隋废。故址在今河南正阳南。 (53) 文公四年：前 623 年。 (54) 秦伯：？—前 621 年，即秦穆公。春秋秦国君。名任好，前 659—前 621 年在位。 (55) 降服出次：穿上素服，出居别室。《左传》文公四年杜预注：降服，素服也。出次，辟正寝。 (56) 矜：同情，危惧。 (57) 文帝八年：前 172 年。

淮水又东，得浉口，水源南出大溃山①，东北流，翼带三川，乱流北注浉水②。又北径贤首山③西，又北出东南屈径仁顺城④南，故义阳郡治，分南阳置也，晋太始初，以封安平献王孚长子望⑤。本治石城山上，因梁希⑥侵逼，徙治此城⑦。梁司州刺史马仙琕⑧不守，魏置郢州⑨也。昔常珍奇自悬瓠遣三千骑援义阳行事庞定光⑩，屯于浉水者也。浉水东南流，历金山⑪北，山无树木，峻峭层峙。浉水又东径义阳故城⑫北，城在山上，因倚陵岭，周回三里，是郡昔所旧治城。城南一十五步，对门有天井，周一百余步，深一丈。东径钟武县⑬故城南，故江夏之属县也，王莽之当利县矣。又东径石城山⑭北，山甚高峻。《史记》曰魏攻冥阨⑮，《音义》曰冥阨或言在鄳县𣙇⑯山也。案《吕氏春秋》⑰九塞，其一也。浉水径鄳县⑱故城南，建武中，世祖封邓邯⑲为鄳侯，按苏林⑳曰：音盲。浉水又东径七井冈㉑南，又东北注于淮。

淮水又东至谷口，谷水㉒南出鲜金山㉓。北流瑟水㉔注之，水出西南具山㉕，东北径光淹城㉖东，而北径青山㉗东、罗山㉘西，东北流注于谷水。谷水东北入于淮。

[又东过新息县南]

淮水东径故息城㉙南,《春秋左传》隐公十一年㉚,郑、息有违言㉛,息侯伐郑,郑伯败之者也。淮水又东径浮光山㉜北,亦曰扶光山,即弋阳山也,出名玉及黑石,堪为棋。其山俯映长淮,每有光辉。淮水又东,径新息县㉝故城南,应劭曰:息后徙东,故加"新"也。王莽之新德也,光武十九年㉞,封马援为侯国。外城北门内有新息长㉟贾彪㊱庙,庙前有碑,面南又有《魏汝南太守程晓碑》㊲。魏太和㊳中,蛮㊴田益宗㊵效诚,立东豫州,以益宗为刺史。

淮水又东合慎水㊶,水出慎阳县㊷西,而东径慎阳县故城南,县取名焉,汉高帝十一年,封栾说㊸为侯国。颍阴㊹刘陶㊺为县长,政化大行,道不拾遗,以病去官。童谣歌曰:悒㊻然不乐,思我刘君,何时复来,安此下民? 见思如此。应劭曰：慎水所出，东北入淮[47]。慎水又东流，积为燋陂，陂水又东南流为上慎陂，又东为中慎陂，又东南为下慎陂，皆与鸿郤陂[48]水散流。其陂首受淮川，左结鸿陂。汉成帝[49]时，翟方进[50]奏毁之。建武中，汝南[51]太守邓晨[52]欲修复之，知许伟君[53]晓知水脉，召与议之。伟君言：成帝用方进言毁之，寻而梦上天，天帝怒曰何故败我濯龙渊？是后民失其利，时有童谣曰：败我陂，翟子威，反乎覆，陂当复[54]。明府[55]兴复废业，童谣之言，将有征矣。遂署都水掾，起塘四百余里，百姓得其利。陂水散流，下合慎水，而东南径息城北，又东南入淮，谓之慎口。

淮水又东与申陂水[56]合，水上承申陂于新息县北，东南流分为二水。一水径深丘西，又屈径其南，南派为莲湖水，南流注于淮。淮水又左迆流结两湖，谓之东、西莲湖[57]矣。

淮水又东，右合鼕水^{⑤⑧}，水出白沙山^{⑤⑨}，东北径柴亭^⑥西，俗谓之柴水。又东北流，与潭溪水^{⑥①}合，水发潭谷东北流，右会柴水。柴水又东径黄城^{⑥②}西，故弋阳县^{⑥③}也，城内有二城，西即黄城也。柴水又东北入于淮，谓之柴口也。

淮水又东北，申陂枝水^{⑥④}注之，水首受陂水于深丘北，东径钓台南，台在水曲之中，台北有琴台，又东径阳亭南^{⑥⑤}，东南合淮。淮水又东径淮阴亭^{⑥⑥}北，又东径白城^{⑥⑦}南，楚白公胜^{⑥⑧}之邑也，东北去白亭^{⑥⑨}一十里。淮水又东径长陵戍^⑦南，又东青陂水^{⑦①}注之，分青陂东渎，东南径白亭西，又南于长陵戍东，东南入于淮。

① 大溃山：今湖北广水市北大贵山。　② 浉水：今信阳、罗山境浉河。　③ 贤首山：今信阳市西南贤山。　④ 仁顺城：故址在今信阳市。《旧唐书·地理志》申州义阳县："魏分南阳立义阳郡，晋自石城徙居于仁顺，今州理也。宋置司州，后魏改为郢州，隋改为申州。"唐申州在今信阳市。

⑤ 晋太始初二句：根据《晋书·武帝纪》《义阳成王望传》记载，司马望是晋武帝的伯父辈，泰始元年（265）封为义阳王。

⑥ 梁希：未详。赵一清说，希字疑误。　⑦ 徙治此城：指仁顺城。南北朝时代，义阳一带为南北政权交界地区，军事行动频繁，政区沿革变化很大，黄盛璋曾指出："单就《魏书》统计，同一《地形志》中就出现四个义阳郡，五个义阳县，自魏晋迄隋之统一，义阳的沿革变迁一直成为沿革地理上一笔糊涂账，经清代许多人努力整理也并没有完全算清楚。"（《楚王城》）在本《注》中，也前后列出了四个义阳郡治所：义阳县、安昌城、石城山、仁顺城，按照时代分析，义阳县似为三国魏时的治所，安昌城是西晋时的治所，石城山、仁顺城为东晋以后的治所。

⑧ 马仙琕：？—515年，字灵馥，扶风郡郿县（今陕西眉县东）人。曾任南朝齐豫州刺史及梁南义阳太守、司州刺史、豫州刺史等职。　⑨ 郢州：从南朝宋到梁初，司州、义阳郡都设在仁顺城，梁天监三年、魏正始元年（504），北魏取司州后改为郢州。　⑩ 昔常珍奇一句：常珍奇，汝南（今河南息县）人，为南朝宋司州刺史，一度归附北魏，任豫州刺史，镇守悬瓠城（今河南汝南）。行事，《宋书·殷琰传》作行义阳郡事，意为不是太守但实际负责义阳郡的主管长官。古代某官位缺，由低于

此官位的官员代摄,称为行。 ⑪ 金山:在今信阳市东南。
⑫ 义阳故城:在今信阳市东南。 ⑬ 钟武县:西汉置,东汉
省;南朝宋复置,后废。故址在今信阳市东南。 ⑭ 石城山:
在今信阳市东南皇城山一带。《括地志》卷四:在申州钟山县
东南二十一里,魏攻冥阨,即此山,上有故石城。唐钟山县在
今信阳市东中山铺。今中山铺东南二十余里处以皇城山为最
高,海拔305米,东面有孤峰。 ⑮ 冥阨:《注》说即石城山;
一说即今信阳市西南的平靖关。 ⑯ 县葙:熊会贞说,"县
葙"二字误,当据订作"指此"。 ⑰《吕氏春秋》:一称《吕
览》,战国末秦相吕不韦集门客编撰,是汇集先秦各派学说的
著作。 ⑱ 鄳县:西汉置,北魏改名齐安。故址在河南罗山
西。 ⑲ 邓邯:东汉南阳新野(今属河南)人,官至渤海太
守。 ⑳ 苏林:字孝友,东汉、三国间陈留外黄(今河南民权
西北内黄集)人。官至魏给事中领秘书监、散骑常侍,黄初
(220—226)中为博士,曾注《汉书》。 ㉑ 七井冈:在今罗山
西。 ㉒ 谷水:今罗山东竹竿河。 ㉓ 鲜金山:在今湖北大
悟北。 ㉔ 瑟水:今罗山东小黄河。 ㉕ 具山:今罗山西南
灵山。 ㉖ 光淹城:故址在今罗山西南。 ㉗ 青山:今罗山
西南青山(石山口水库西)。 ㉘ 罗山:今罗山西南龙山。

㉙ 息城：西周分封诸侯国，前680年楚灭息置县。故址在今河南息县西南5公里。城基现仍可辨，东西长846米，南北宽420米，残高1米。 ㉚ 隐公十一年：前712年。 ㉛ 违言：言语不合而相恨。杜预注：以言语相违恨也。 ㉜ 浮光山：今息县南中度店附近蒲公山。《清统志》光州山川引旧志：谓之濮公山。 ㉝ 新息县：约西汉改息县为新息县，并移治，蒙古至元三年（1266）废入息州，明改州为县。故址即今息县。 ㉞ 光武十九年：即建武十九年（43）。 ㉟ 长：汉代万户以上的县，长官称为令；不满万户的县，长官称为长。 ㊱ 贾彪：字伟节。东汉颍川定陵（今河南郾城西北）人。 ㊲ 程晓：字季明，三国魏东郡东阿（今河南濮阳南）人。嘉平（249—253）中任黄门侍郎，著有《程晓集》。 ㊳ 太和：北魏孝文帝年号，477—499年。 ㊴ 蛮：南北朝时期对分布在江、淮一带苗、傜系统少数民族的统称。 ㊵ 田益宗：445—517年。光城（今河南光山）原住民，太和十九年（495）依附北魏。 ㊶ 慎水：发源于今河南正阳西北，东南至息县附近注淮河。 ㊷ 慎阳县：西汉置，北魏改为真阳，清改"真"为"正"。故址在今正阳北四十里，明移今治。 ㊸ 栾说：栾，一作乐（《汉书·高惠高后文功臣表》）。 ㊹ 颍阴：秦置县，

北齐改为长社县。故址在今河南许昌市。 ㊺ 刘陶：？—185 年，字子奇，一名伟。曾任顺（慎）阳长，后官至谏议大夫。 ㊻ 悒：忧郁。 ㊼ 东北入淮：熊会贞说：北当作南。 ㊽ 鸿郤陂：郤，一作“隙”、“郄”；又名鸿池陂、洪池陂。是古代著名水利工程，下游合慎水注入淮河，故址与燋陂、上慎陂、中慎陂、下慎陂等约都在今正阳、息县境。 ㊾ 汉成帝：前 32—前 7 年在位。 ㊿ 翟方进：？—前 7 年，字子威，西汉汝南上蔡（今河南上蔡西南）人。曾任朔方刺史、京兆尹、御史大夫，后为丞相十余年。曾因洪水，罢废鸿郤陂。 (51) 汝南：郡名，西汉置，治平舆（今河南平舆北射桥镇古城）。东晋后治悬瓠城、上蔡县（今河南汝南）。隋废。 (52) 邓晨：？—49 年，字伟卿，东汉南阳新野（今属河南）人。曾任中山太守、汝南太守，建武十八年（42）派许杨修复鸿郤陂。 (53) 许伟君：名杨，字伟君，东汉汝南平舆（今平舆北）人，水利学家。 (54) 败我陂四句：《汉书 · 翟方进传》作：“坏陂谁？翟子威。饭我豆食羹芋魁。反乎覆，陂当复。谁云者？两黄鹄。” (55) 明府：古代对郡主管长官的尊称。《后汉书 · 张湛传》李贤注：郡守所居曰府；明府者，尊高之称。 (56) 申陂水：在今息县东。 (57) 东西莲湖：在今息县东。 (58) 鲨水：今河南光山西寨河、泥河。 (59) 白沙山：在今光山西南。 (60) 柴亭：故址在今光山西南。 (61) 潭溪水：今光山西寨河左岸支流。 (62) 黄城：春秋黄国，前648年灭于楚。故址在今河南潢川西6公里隆古集，城垣保存较完整，东西长1 550米，南北宽1 350米，残高3—5米，面积2平方公里多。 (63) 弋阳县：西汉置，三国魏以后为弋阳郡治所，北齐改置为定城。 (64) 申陂枝水：在今息县东。 (65) 深丘下数句：深丘、钓台、琴台、阳亭，故址在今息县东北，确地无考。 (66) 淮阴亭：故址在今息县东南或潢川以北的淮河南岸。 (67) 白城：故址在今息县东北。 (68) 白公胜：？—前479年。楚平王太子建之子，封于白。楚的邑大夫称公。 (69) 白亭：杜预注在褒信县西南；《元和志》卷九蔡州褒信县：在县东南四十二里。褒信县故址在今息县东北包信镇。今包信镇西南有白土店，一说即胜封地。 (70) 长陵戍：故址在今息县东北长陵集。 (71) 青陂水：今闾河在长陵集东注淮河。

淮水又东北合黄水①，水出黄武山②。东北流木陵关水③注之，水导源木陵山④，西北流注于黄水，黄水又东径晋西阳城⑤南，又东径光城⑥南,南光城郡治。又东北径高城南,故弦国⑦也。又东北径弋阳郡东,有虞丘郭,南有伍相庙⑧。黄水又东北入于淮,谓之黄口。淮水又东北径褒信县⑨故城南,而东流注也。

[又东过期思县⑩北]

县故蒋国,周公之后也。《春秋》文公十年⑪,楚王田⑫于孟诸⑬,期思公复遂为右司马。楚灭之以为县⑭。汉高帝十二年,以封贲赫为侯国。城之西北隅,有楚相孙叔敖⑮庙,庙前有碑。淮水又东北,淠水⑯注之,水出弋阳县南垂山⑰,西北流历阴山关⑱,径二城间,旧有贼难,军所顿防。西北出山,又东北流径新城戍⑲东。又东北得诏虞水⑳口,西北去弋阳虞丘郭㉑二十五里,水出南山,东北流径诏虞亭㉒东而北入淠水。又东北注淮,俗曰白鹭水。

[又东过原鹿县南,汝水㉓从西北来注之]

县即春秋之鹿上㉔也。《左传》僖公二十

一年㉕,宋人为鹿上之盟,以求诸侯于楚㉖。建武十五年㉗,世祖更封侍中、执金吾㉘阴乡侯阴识㉙为侯国者也。

[又东过庐江安风县东北,决水从北来注之]

庐江,故淮南也。汉文帝十六年别以为国�30,应劭曰故庐子国也。决水㉛自舒蓼�32北注,不于北来�33也。安风�34东北注淮者,穷水�35矣,又非决水,皆误耳。

淮水又东,谷水�36入焉,水上承富水�37,东南流,世谓之谷水也。东径原鹿县故城北,城侧水南。谷水又东径富陂县�38故城北,俗谓之成闾亭,非也。《地理志》汝南郡有富陂县,建武二年�39,世祖改封平乡侯王霸为富陂侯。《十三州志》曰:汉和帝永元九年�40分汝阴�41置。多陂塘以溉稻,故曰富陂县也。谷水又东,于汝阴城东南注淮。

淮水又东北,左会润水�42,水首受富陂�43,

东南流为高塘陂[44]，又东积而为陂水，东注焦陵陂[45]。陂水北出为鲖陂[46]，陂水潭涨，引渎北注汝阴，四周隍堑[47]，下注颍水[48]。焦湖东注，谓之润水，径汝阴县东，径荆亭[49]北而东入淮。

淮水又东北，穷水入焉，水出六安国[50]安风县穷谷，《春秋左传》楚救潜[51]，司马沈尹戍与吴师遇于穷者也。川流泄注于决水之右，北灌安风之左，世谓之安风水，亦曰穷水，音戎，并声相近，字随读转。流结为陂，谓之穷陂[52]，塘堰虽沦，犹用不辍，陂水四分，农事用康。北流注于淮。京相璠[53]曰：今安风有穷水北入淮。淮水又东为安风津[54]，水南有城，故安风都尉治，后立霍丘戍。淮中有洲，俗号关洲[55]，盖津关所在，故斯洲纳称焉。《魏书·国志》有曰，司马景王[56]征毌丘俭[57]，使镇南将军、豫州刺史诸葛诞[58]从安风津先至寿春，俭败，与小弟秀藏水草中，安风津都尉部民张属斩之，传首京都，即斯津也。

[又东北至九江寿春县西,沘水⑤⑨、泄水⑥⑩合北注之,又东,颍水从西北来流注之]

淮水又东,右合沘口。又东径中阳亭⑥①北为中阳渡,水流浅碛,可以厉⑥②也。淮水又东流与颍口会,东南径仓陵⑥③北,又东北流径寿春县⑥④故城西。县即楚考烈王⑥⑤自陈⑥⑥徙此,秦始皇立九江郡治此,兼得庐江、豫章之地,故以九江名郡⑥⑦。汉高帝四年⑥⑧为淮南国,孝武元狩六年⑥⑨复为九江焉。文颖⑦⑩曰:《史记·货殖传》曰,淮以北,沛⑦①、陈、汝南、南郡⑦②为西楚;彭城⑦③以东,东海⑦④、吴⑦⑤、广陵⑦⑥为东楚;衡山⑦⑦、九江、江南⑦⑧、豫章、长沙⑦⑨为南楚,是为三楚也。淮水又北,左合椒水⑧⑩,水上承淮水,东北流径蛇城⑧①南,又历其城东,亦谓之清水,东北流注于淮水,谓之清水口者也。

①黄水：今河南新县、光山、潢川境的潢河（小潢河）。
②黄武山：今新县南黄毛尖山。　③木陵关水：今新县、光山境的泼陂河。　④木陵山：在今新县南。　⑤西阳城：汉置县，晋末废。故址在今光山西二十里。　⑥光城：南朝宋置县，为光城郡治，北魏为南光城郡治，后又为光州、光城郡治，隋废郡，改光城为光山，唐移州治于定城（今潢川）。故址在今光山。　⑦弦国：春秋国名，前655年灭于楚。据本《注》应在今光山东北、潢川西南的潢河北岸。《通典》卷一百八十一弋阳郡仙居县：汉轪县也，今县北四十里，又古轪县城，今县东有弦亭；《元和志》卷九光州仙居县：轪县故城，在县北四十里，春秋时弦国之都也。唐仙居县在今光山西北24公里的仙居店。《太平御览》卷一百六十九州郡部光州引《十道志》：春秋时弦子国，秦置三十六郡，属九江郡，汉为西阳县。西阳见上注在光山西。以上各说，略有差异。　⑧伍相庙：《初学记》卷八淮南道下作伍子胥庙。　⑨褒信县：东汉置县，南朝宋改名苞信，隋仍为褒信，金属息州，元废。故址在今息县东北包信镇。　⑩期思县：楚县，南朝梁废。故址在今河南淮滨东南期思乡，乡东有蒋国故城遗址。　⑪文公十年：前617年。　⑫田：打猎。　⑬孟诸：泽名、地区名。

在今河南商丘市东北。　⑭期思公复遂为右司马二句：春秋时,楚国县的长官也称为公,《左传》庄公三十年(前765)杜预注：楚：僭号,县尹皆称公。据此楚灭蒋国后改名期思,复遂为人名,是楚国期思县的长官。这一段文字,按照现在一般行文,应该是：县故蒋国,周公之后也,楚灭亡之以为期思县。《春秋》文公十年,楚王田于孟诸,期思公复遂为右司马。　⑮孙叔敖：春秋时楚国期思人。芉氏,名敖,字孙叔,一字艾猎。官至楚国最高官职令尹。曾在期思、雩娄(今河南固始东南)修筑水利工程。　⑯渒水：今潢川、固始、淮滨境的白露河。　⑰垂山：在今河南新县东、湖北麻城市北的小界岭一带。　⑱阴山关：当在今光山东南、新县东北白露河自西北向东北转折处一带。一说在今湖北麻城市北,与《注》不合。⑲新城戍：故址当在今潢川东。　⑳诏虞水：今潢川东春河(又称史河)。　㉑虞丘郭：虞丘子,楚令尹,曾推荐孙叔敖。杨守敬说,此虞丘郭,岂其里居乎?　㉒诏虞亭：当在今潢川东北的白露河与春河汇合处以西。　㉓汝水：上游为今北汝河,中经郾城、西平、上蔡南合汝河,新蔡以下相当今洪河。㉔鹿上：春秋宋邑,东汉置原鹿侯国,后为县,南朝宋废。故址在今安徽阜南县南。　㉕僖公二十一年：前639年。

㉖ 以求诸侯于楚：意为要求归附楚国的诸侯奉宋国为盟主。　㉗ 建武十五年：39 年。　㉘ 执金吾：职掌守卫宫殿外围和管理兵器的官员。吾是防御的意思。　㉙ 阴识：？—59 年，字次伯，东汉南阳新野（今属河南）人。外戚。光武帝出巡，常掌握禁兵，镇守京师。　㉚ 庐江三句：这是《汉书·地理志》文。汉高帝五年（前 202），以庐江、九江、衡山、豫章四郡封功臣英布为淮南王，建淮南国，英布以谋反罪被杀后，十一年（前 196）改封刘邦幼子刘长为淮南王，文帝七年（前 173）废黜淮南王，撤销淮南国，四郡由汉朝直属。十六年（前 164）又分原淮南地置庐江国。　㉛ 决水：今安徽金寨、河南固始境的史河。　㉜ 舒蓼：西周、春秋国名。舒，见《左传》文公十二年（前 615），"楚子孔执舒子平"，平是舒国的国君名，可能其后为楚所灭，故址在今安徽庐江西南；蓼，前 622 年为楚所灭，见《左传》文公五年，故址在今河南固始东北；舒蓼，前 601 年为楚所灭，见《左传》宣公八年（前 601），故址在今安徽舒城南一带。这里决水流经的是蓼，不是舒或舒蓼。蓼，汉置县，南朝宋废。　㉝ 不于北来：这是针对《水经》"决水从北来注之"说的，意思是决水是自南向北流，而不是自北向南流。　㉞ 安风：汉置县，东晋废。故址在今安徽霍邱西南。

㉟ 穷水：今霍邱西沣河(泥蚯河)。 ㊱ 谷水：今安徽临泉、阜南县南谷河。 ㊲ 富水：约在今安徽临泉、河南新蔡一带。 ㊳ 富陂县：西汉置，晋废。故址在今阜南县东南。 ㊴ 建武二年：26 年。 ㊵ 永元九年：97 年。 ㊶ 汝阴：汝，一作女。秦置县，三国后历为汝阴郡、颍州、顺昌府治所，蒙古废。故址在今安徽阜阳市。 ㊷ 润水：今阜南县北润河。 ㊸ 富陂：约在今临泉南一带。 ㊹ 高塘陂：在今临泉东南高塘一带。 ㊺ 焦陵陂：在今阜南县东北焦坡一带。 ㊻ 鲖陂：约在今阜南县北、阜阳市南一带。 ㊼ 隍堑：护城濠。 ㊽ 颍水：今颍河。 ㊾ 荆亭：故址在今安徽颍上西南。《寰宇记》卷十一颍州颍上县："荆亭城在县西南六十里。"宋颍上县同今县。 ㊿ 六安国：西汉置，治六县，东汉省入庐江郡。故址在今安徽六安市北。 (51) 灊：春秋楚邑，汉置县，属庐江郡，南朝末废。故址在今安徽六安市南。 (52) 穷陂：在今霍邱西沣河下游城西湖一带。 (53) 京相璠：西晋司空裴秀(223—271)的门客，生卒年不详，曾协助裴秀绘制地图，撰有《春秋土地名》一书，据统计《水经注》一书共引用了七十多条。 (54) 安风津：在今霍邱西北。 (55) 关洲：在今颍上西南关屯一带。《寰宇记》卷十一颍州颍上县："关洲

在县西南四十五里。" ㊗ 司马景王：指三国时司马懿之子司马师(208—255)，为魏大将军，专国政。后晋国建立，追尊为景王、景帝。 ㊘ 毌丘俭：？—255 年，字仲恭，三国魏河东闻喜(今属山西)人。曾任荆州刺史、幽州刺史、豫州刺史、扬州刺史等职，因反对司马师，兵败被杀。 ㊙ 诸葛诞：？—258 年，字公休，三国魏琅邪阳都(今山东沂南县南)人。曾任扬州刺史、豫州刺史等职。 ㊚ 沘水：今六安、霍邱、寿县境的淠河。 ㊛ 泄水：今六安、霍邱境的汲河。 ㊜ 中阳亭：在今安徽寿县西南正阳镇附近。 ㊝ 厉：涉渡。 ㊞ 仓陵：故址在今寿县西南，《寰宇记》卷一百二十九寿州寿春县下说在县西四十里。宋寿春即今寿县。 ㊟ 寿春县：秦置县，为九江郡治所，魏晋后历为扬州、豫州、南豫州及淮南郡、梁州治所，隋唐后为寿州治所，明省县入州，1912 年改寿州为寿县。据本《注》和《寰宇记》卷一百二十九寿州下记载，秦以前寿春故址在今寿县西四十里，秦以后的故址即今寿县。 ㊠ 楚考烈王：战国时楚国国君，前 262—前 238 年在位。 ㊡ 陈：前278 年楚顷襄王自郢(今湖北荆州市北纪南城)迁都到陈，一称郢陈。秦置陈郡，西汉改为淮阳国，治陈县。故址在今河南淮阳。 ㊢ 兼得庐江、豫章之地二句：楚、汉之际，分秦九江郡设置庐江、豫章二郡,庐江郡治舒县(今安徽庐江西南),辖境相当今安徽西部及湖北东端一小部;豫章郡治南昌(今江西南昌市),辖境相当今江西全省。九江,见于《禹贡》,一般认为在汉寻阳县南,即今湖北武穴市、黄梅一带,地近汉庐江郡南境、豫章郡北界。秦朝的九江郡包括了原九江地,故名;汉朝的九江郡只有今安徽东北寿县、合肥、滁州等县市地,除了郡治仍为寿春(今寿县)外,辖地已与九江无关。 ⑱ 高帝四年: 前203年。 ⑲ 元狩六年: 前117年。 ⑳ 文颖: 字叔良,南阳(今属河南)人。东汉末任荆州从事、甘陵府丞。 ㉑ 沛: 汉置郡,治相县(今安徽濉溪西北),东汉改为国,东晋复为郡,北齐废。 ㉒ 南郡: 战国秦置郡,治郢县(今湖北荆州市北郢城),西汉迁治江陵(今荆州市),三国魏曾一度移公安(今湖北公安)。 ㉓ 彭城: 今江苏徐州市。 ㉔ 东海: 秦置郡,治郯县(今山东郯城北),南朝齐时废。 ㉕ 吴: 西周至战国初的吴国,都吴,拥有今江苏、上海市及安徽、浙江一部分。秦置会稽郡,治吴县(今江苏苏州市),所以汉初会稽郡也称吴郡,一说楚汉之际曾析会稽郡置吴郡。 ㉖ 广陵: 郡、县名。秦置广陵县。西汉武帝改江都国置广陵郡,治广陵,故址在今江苏扬州市西北。 ㉗ 衡山: 秦置郡,治邾县(今湖北黄冈市西北),因境内衡山(今安徽霍山)得名,西汉武帝改为六安国。 ⑱ 江南:秦汉间泛指今湖北一带的长江以南地。 ⑲ 长沙:战国秦置郡,治临湘(今湖南长沙市),隋废。 ⑳ 椒水:今安徽凤台西焦岗湖。 ㉑ 蛇城:故址在今凤台西北。

[又东过寿春县北,肥水从县东北流注之]

淮水于寿阳县①西北,肥水②从城北西入于淮,谓之肥口。淮水又北,夏肥水③注之,水上承沙水④于城父县⑤,右出东南流径城父县故城南,王莽之思善也。县故焦、夷⑥之地,《春秋左传》昭公九年⑦,楚公子弃疾迁许于夷,实城父矣,取州来淮北之田以益之,伍举授许夷田⑧,杜预曰,此时改城父为夷,故《传》实之者也。然丹迁城父人于陈,以夷濮西田益之⑨,言夷田在濮水西者也。然则濮水即沙水之兼称,得夏肥之通目矣。汉桓帝永兴元年⑩封大将军梁冀⑪孙桃为侯国者也。夏肥水自县又东径思善县[12]之故城南,汉章帝章和三年[13]分城父立。夏肥水又东为高陂[14],又东为大漴陂[15]。水出分为二流,南为肥水,北为鸡陂[16]。夏肥水东流,左合鸡水[17],水出鸡陂,东流为黄陂[18],又东南流积为茅陂[19],又东为鸡水。《吕氏春秋》曰:宋人有取道者,其马不进,投之鸡水是也[20]。鸡水右会肥水[21]而乱流东注,俱入于淮。

淮水又北径山硖中,谓之硖石[22]。岸山上结二城以防津要。西岸山上有马迹,世传淮南王[23]乘马升仙所在也。今山之东南石上,又大小马迹一十余所,仍今存焉。淮水又北径下蔡县[24]故城东,本州来之城也。吴季札[25]始封延陵[26],后邑州来,故曰延州来矣。《春秋》哀公二年[27],蔡昭侯[28]自新蔡[29]迁于州来,谓之下蔡也。淮之东岸,又有一城,即下蔡新城[30]也。二城对据,翼带淮渍[31]。淮水东径八公山[32]北,山上有老子庙。淮水历潘城^㉝南，置潘溪戍。戍东侧潘溪^㉞，吐川纳淮，更相引注。又东径梁城^㉟，临侧淮川，川左有湄城^㊱，淮水左迤为湄湖^㊲。淮水又右纳洛川^㊳于西曲阳县^㊴北，水分阌溪^㊵，北绝横塘^㊶。又北径萧亭^㊷东，又北鹊甫溪水^㊸入焉，水出东鹊甫谷，西北流径鹊甫亭^㊹南，西北流注于洛水。北径西曲阳县故城东，王莽之延平亭也，应劭曰：县在淮曲之阳，下邳有曲阳^㊺，故是加"西"也。洛涧北历秦墟^㊻下注淮，谓之洛口。《经》所谓淮水过寿春县北，肥水从县东北注者也，盖《经》之谬矣。考川定土，即实为非，是曰洛涧，非肥水也。淮水又北径莫邪山^㊼西，山南有阴陵县^㊽故城。汉高祖五年^㊾，项羽自垓下^㊿，从数百骑，夜驰渡淮，至阴陵，迷失道左⁵¹，陷大泽，汉令骑将灌婴⁵²以五千骑追及之于斯县者也。按《地理志》王莽之阴陆也；后汉九江郡治。时多虎灾，百姓苦之，南阳宗均[㉝]为守，退贪残，进忠良，虎悉东渡江。

[又东过当涂县北，涡水[㉞]从西北来注之]

淮水自莫邪山，东北径马头城[㉟]北，魏马头郡治[㊱]也，故当涂县[㊲]之故城也。《吕氏春秋》曰：禹取涂山氏[㊳]女，不以私害公，自辛至甲四日，复往治水。故江淮之俗以辛壬癸甲为嫁娶日也。禹聚[㊴]在山西南，县即其地也。《地理志》曰当涂，侯国也；魏不害以围[㊵]守尉，捕淮阳反者公孙勇等，汉以封之；王莽更名山聚也。

淮水又东北，濠水[㊶]注之，水出莫邪山东北溪，溪水西北引渎，径禹墟北，又西流注于淮。

淮水又北，沙水注之，《经》所谓濊荡渠也。淮之西有平阿县[㊷]故城，王莽之平宁也。建武十三年[㊸]，世祖更封耿阜为侯国，《郡国志》曰：平阿县有当涂山。淮出于荆山之左，当涂之右，奔流二山之间[㊹]而扬涛北注也。《春秋左传》哀

克勤于邦 浚畎乃拉
廉毅在彤 疏中允执
愍消好言 九功由立
不伐不矜 振古莫及

禹

公七年,诸大夫对孟孙⑥曰:禹会诸侯于涂山,执玉帛者万国;杜预曰:涂山在寿春东北。非也。余按《国语》⑥⑥曰:吴伐越,堕⑥⑦会稽⑥⑧,获骨焉,节专车⑥⑨。吴子使来聘,且问之。客执骨而问曰:敢问骨何为大? 仲尼⑦曰:丘闻之,昔禹致群神于会稽之山,防风氏后至,禹杀之,其骨专车,此为大也。盖丘明⑦亲承圣旨,录为实证矣。又按刘向《说苑·辨物》⑦②、王肃⑦③之叙孔子二十二世孙孔猛所出先人书《家语》[74]，并出此事，故涂山有会稽之名。考校群书及方土之目，疑非此矣，盖周穆之所会矣[75]。淮水于荆山北，涡水东南注之。又东北径沛郡义城县[76]东，司马彪[77]曰后隶九江也。

① 寿阳县：东晋孝武帝时以寿春县改名，南朝宋改为睢阳，北魏恢复原名。魏晋后历为扬州、豫州、南豫州及淮南郡、梁州治所，隋唐后为寿州治所。明废县入寿州，1912 年改寿州为寿县。故址即今安徽寿县。　② 肥水：今寿县东的东淝河。　③ 夏肥水：今西淝河。　④ 沙水：从古蒗荡渠分出，经河南淮阳东、鹿邑南，南流至今安徽亳州市城父集以下，相当今茨河，在怀远附近注淮河。　⑤ 城父县：春秋陈邑，后入楚。西汉置县，明废。故址在今亳州市东南城父集。⑥ 焦、夷：《左传》僖公二十三年（前 637）杜预注：焦，今谯县也；夷，一名城父，今谯郡城父县，二地皆城邑。晋谯县就是今天的亳州市。　⑦ 昭公九年：前 533 年。　⑧ 楚公子弃疾迁许于夷四句：意为楚国的公子弃疾迁移许人到夷地，其实

就是城父。又把州来的淮北土田并入夷地，由伍举把夷的土田给许人。公子是对诸侯之子的称呼，弃疾，楚共王的幼子，后为楚国国君，即楚平王，前528—前516年在位。许，西周诸侯国，原在今河南许昌东，前576年迁叶，故址在今河南叶县西南，前533年迁城父，后又多次迁移，战国初亡。州来，春秋楚邑，后曾属吴，故址在今安徽凤台。伍举，楚庄王后曾任以国政。　⑨然丹迁城父人于陈二句：然丹迁城父人到陈地，把夷的濮水以西土田给陈。然丹，即子革，郑穆公孙，前554年投楚，任右尹。　⑩永兴元年：153年。　⑪梁冀：？—159年，字伯卓，东汉安定乌氏（今甘肃平凉市西北）人。外戚。顺帝后曾专朝政近二十年。　⑫思善县：东汉置，后废。故址在今亳州市南古城。　⑬章和三年：89年。　⑭高陂：在今亳州市南、涡阳西一带。《元和志》卷七亳州城父县："高陂，县南五十六里，周回四十三里，多鱼蚌菱芡之利。"　⑮大漗陂：在今安徽利辛东南、蒙城南一带。《新唐书·地理志》颍州下蔡县："西北百二十里有大漗陂。"唐下蔡即今凤台县。　⑯鸡陂：在今凤台西北。《新唐书·地理志》颍州下蔡县：西北"八十里有鸡陂"。　⑰鸡水：在今凤台北。　⑱黄陂：在今凤台西北岭头一带。《新唐书·地理志》颍州下蔡县西北"六十里有黄陂"。　⑲ 茅陂：在今凤台西北。
⑳《吕氏春秋》曰四句：杨守敬说，见《用民篇》。《论衡·非
相篇》，宋人有御马者，不进，到而弃之沟中。沟与溪同类，则
作溪者是也。溪、鸡形近而讹。郦氏因以为思善之鸡水，误
矣。　㉑ 鸡水右会肥水：《永乐大典》本右作又；《注疏》云，
朱右讹作又，赵同，戴改。按：上文说，南为肥水，北为鸡陂，
夏肥水左合鸡水，水出鸡陂，那么鸡水应在肥水之北，这里又
说鸡水右会肥水，则鸡水似又在肥水以南，恐有误。　㉒ 硖
石：今凤台西南约 5 公里的峡山口。东西峡石相距约 500 多
米。东岸为霸王山，俗称半个山，西岸为禹王山。　㉓ 淮南
王：前 179—前 122 年，即汉高祖刘邦孙刘安，袭父封为淮南
王，曾集门客撰有《淮南子》等书。　㉔ 下蔡县：秦置县，南
北朝时为下蔡郡、汴州、汴郡治所，宋、金时为寿州治所，明初
省。故址在今凤台。　㉕ 季札：一作季子。春秋吴王诸樊
弟，曾多次推让君位。　㉖ 延陵：春秋吴邑。故址在今江苏
常州市。　㉗ 哀公二年：前 493 年。　㉘ 蔡昭侯：名申，春
秋蔡国国君。前 518—前 491 年在位。　㉙ 新蔡：西周武王
封弟叔度于蔡，故址在今河南上蔡，春秋时蔡平侯迁都新蔡，
故址在今河南新蔡，遗迹犹存，城垣周长 10 公里，面积 6 平方

公里,残高5—6米。 ㉚ 下蔡新城:故址在今凤台东的淮河东岸。《南齐书·垣崇祖传》"徙下蔡戍于淮东"。 ㉛ 渍:沿河高地。 ㉜ 八公山:今寿县北八公山。 ㉝ 潘城:故址在今凤台东北。 ㉞ 潘溪:在今凤台东北。 ㉟ 梁城:故址在今安徽淮南市东。《清统志》凤阳府:东去洛川口二十五里。 ㊱ 湄城:故址在今凤台东北。 ㊲ 湄湖:在今凤台东北。《新唐书·地理志》颍州下蔡县:"东北八十里有湄陂。" ㊳ 洛川:今安徽定远、长丰、凤阳、淮南市境的洛河、窑河。 ㊴ 西曲阳县:西汉曲阳县,东汉改为西曲阳县,晋以后废。故址在今淮南市东南。 ㊵ 阎溪:当在今定远、长丰境。 ㊶ 横塘:当在今定远、长丰境。 ㊷ 萧亭:故址在今定远西。 ㊸ 鹊甫溪水:今定远西的青洛河。 ㊹ 鹊甫亭:故址在今定远西。 ㊺ 下邳有曲阳:西汉置曲阳县,属东海郡,东汉属下邳国。下邳故址在今江苏邳州市西南古城,曲阳故址在今江苏沭阳东南。 ㊻ 秦墟:故址在今淮南市东。 ㊼ 莫邪山:在今凤阳南、定远北狼窝山一带的长江、淮河水系分水岭诸山。 ㊽ 阴陵县:秦置县,晋以后废。故址在今定远西北。《寰宇记》卷128濠州定远县:"故阴陵城在县西六十里。" ㊾ 高祖五年:前202年。 ㊿ 垓下:在今安徽灵璧东南的沱河北岸,为项羽被刘邦所围兵败之处。 (51) 道左:道侧、道东。 (52) 灌婴:?一前176年,睢阳(今河南商丘市南)人,曾随刘邦征战各地,攻杀项羽,后任车骑将军、太尉、丞相。 (53) 宗均:?—76年,字叔庠,东汉南阳安众(今河南邓州市东北)人。《后汉书》作宋均,合校本说:朱"宗"讹作"宋",笺曰谢承《汉书》云,南阳宗资祖父均,赵明诚《金石录》云,宗资墓在南阳。《注疏》杨守敬按,范书误作宋均传,叙均事与注略同。中华书局本《后汉书》校勘记:《通鉴》胡注引张说《宋璟遗爱颂》,证明"宗均"之讹为"宋均",自唐已然。 (54) 涡水:涡,原作"渦",下同。 (55) 马头城:故址在今安徽怀远南的马城。 (56) 魏马头郡治:东晋置郡,南朝沿袭,北魏曾几次渡淮,攻克马头,《魏书·地形志》楚州有马头郡。淮河以北,北魏也曾设马头郡,太和十八年(494)南齐马头太守归附,北魏任命他为南兖州刺史、马头太守,镇涡阳(今安徽蒙城)。 (57) 当涂县:西汉置,三国魏废。西晋太康时复设,东晋废。这里用了两个"故"字,作"故当涂县之故城",说明了当时已经没有这个县。 (58) 涂山氏:传说中的部落名。大禹娶涂山氏的女儿为妻,所以大禹妻也作涂山氏。 (59) 禹聚:故址在今怀远涂山西南禹会村一带。 (60) 圄:牢狱。 (61) 濠水:今安徽怀远南、蚌埠市的天河。　　⑥2 平阿县：西汉置，东晋废。故址在今怀远西南的平娥山南。　　⑥3 建武十三年：37 年。⑥4 二山之间：今怀远县南淮河，北岸荆山，高 258 米；南岸涂山，高 338 米，名称与《水经注》时代相同。　　⑥5 孟孙：鲁国贵族，春秋末与季孙氏、叔孙氏合称为鲁国三桓。　　⑥6《国语》：相传春秋时左丘明撰。主要记述西周和春秋时周、鲁等国贵族的言论。　　⑥7 堕：毁坏。　　⑥8 会稽：在今浙江绍兴。⑥9 获骨焉二句：《国语·鲁语》韦昭注："骨一节，其长专车；专，擅也。"《文选》卷十二郭璞《江赋》李善注："防风氏，其骨专车，贾逵曰，专，满也。"　　⑦0 仲尼：即孔子（前 551—前479），名丘，字仲尼。　　⑦1 丘明：指左丘明。　　⑦2《说苑》：西汉刘向撰，分类辑录先秦至汉代史事并杂以议论。　　⑦3 王肃：？—256 年，字子雍，三国魏东海郯（今山东郯城）人，官至广平太守、侍中等职，注《尚书》、《诗》、《论语》、《左氏》等书。⑦4《家语》：即《孔子家语》，《汉书·艺文志》有著录。颜师古注"非今所有《家语》"。今本为三国时王肃杂取诸书编成，已不是原书面貌。　　⑦5 故涂山有会稽之名四句：意为涂山可以称为会稽山，根据各书和地名考订，这里（平阿县当涂山）不是大禹会诸侯的涂山，而是周穆王涂山之会的地方。杨守敬按：

《左传》昭四年穆有涂山之会,杜注涂山在寿春东北,此则从杜说。　⑯ 义城县:西汉置,东晋后省,后魏复置,北齐省。城,《汉书·地理志》、《续汉书·郡国志》作成,《晋书·地理志》作城。故址在今怀远东北。　⑰ 司马彪:?—约306年,字绍统,西晋河内温县(今河南温县西南招贤附近)人。史学家,撰有《续汉书》。这里是指《续汉书·郡国志》。

［又东过钟离县北］

《世本》①曰:钟离,嬴姓也;应劭曰:县故钟离子国也。楚灭之以为县②,《春秋左传》所谓吴公子光伐楚拔钟离者也③,王莽之蚕富也。水出阴陵县之阳亭北,小屈,有石穴,不测所穷,言穴出钟乳④,所未详也。豪水⑤东北流,径其县西,又屈而南,转东径其城南,又北历其城东,径小城而北流注于淮。

淮水又东径夏丘县⑥南。又东涣水⑦入焉,水首受蒗荡渠于开封县⑧,《史记》韩釐王二十一年⑨,使暴鸢⑩救魏,为秦所败,鸢走开封者也。东南流径陈留[11]北。又东南,西入九里注之[12]。涣水又东南流径雍丘县[13]故城南,又东径承匡城[14]。又东径襄邑县[15]故城南,故宋之承匡襄牛之地,宋襄公[16]之所葬,故号襄陵矣。《竹书纪年》梁惠成王十七年[17],宋景鼓、卫公孙仓会齐师,围我襄陵;十八年,惠成王以韩师败诸侯师于襄陵,齐侯使楚景舍来求成[18],即于此也。西有承匡城,《春秋》会于承匡者也。秦始皇以承匡卑湿,徙县于襄陵,更为襄邑也;王莽以为襄平也。汉桓帝建和元年[19],封梁冀子胡狗为侯国。《陈留风俗传》[20]曰:县南有涣水,故传曰睢[21]、涣之间出文章[22],天子郊庙御服出焉[23],《尚书》所谓厥篚织文[24]者也。涣水又东南径己吾县[25]故城南。又东径鄙城[26]北,《春秋》襄公元年[27],经书晋韩厥[28]帅师伐郑,鲁仲孙蔑会齐、曹[29]、邾[30]、杞[31],次于鄙,杜预曰陈留襄邑县东南有鄙城。涣水又东南径鄹城[32]北、新城[33]南。又东南左合明沟[34]，沟水自蓬洪陂[35]东南流，谓之明沟，下入涣水。又径亳城[36]北，《帝王世纪》[37]曰：谷熟为南亳，即汤都也，《十三州志》曰汉武帝分谷熟置[38]，《春秋》庄公十二年[39]，宋公子御说[40]奔亳[41]者也。涣水东经谷熟城[42]南，汉光武建武二年，封更始[43]子歆为侯国。又东径杨亭北，《春秋左氏传》襄公十二年[44]，楚子囊[45]、秦庶长[46]无地，伐宋师于杨梁，以报晋之取郑也，京相璠曰：宋地矣。今睢阳东南三十里，有故杨梁城，今曰阳亭[47]也，俗名之曰缘城，非矣，西北去梁国八十里。涣水又东径沛郡之建平县[48]故城南，汉昭帝元凤元年[49]，封杜延年[50]为侯国，王莽之田平也。又东径酂县[51]故城南，《春秋》襄公十年，公会诸侯及齐世子光[52]于酂，今其地酂聚[53]是也，王莽之酂治矣。涣水又东南径费亭[54]南，汉建和元年[55]，封中常侍沛国曹腾[56]为侯国。

腾字季兴，谯人也。永初中，定桓帝策，封亭
侯，此城即其所食之邑也。涣水又东径铚县[57]
故城南，昔吴广[58]之起兵也，使葛婴[59]下之。涣
水又东，苞水[60]注之，水出谯城[61]北自汀陂[62]。
陂水东流径酂县南，又东径郸县[63]故城南，汉景
帝中元年[64]，封周应为侯国，王莽更之曰单城
也，音多。又东径嵇山[65]北，嵇氏故居。嵇康[66]
本姓奚，会稽人也，先人自会稽迁于谯之铚县，
改为嵇氏，取稽字之上以为姓，盖志本也。《嵇
氏谱》曰：谯有嵇山，家于其侧，遂以为氏。
县，魏黄初[67]中，文帝以酂、城父、山桑[68]、铚置
谯郡[69]，故隶谯焉。苞水东流入涣。涣水又东
南径蕲县[70]故城南，《地理志》曰故垂乡也。汉
高帝破黥布[71]于此县，旧都尉治，王莽之蕲城
也。水上有古石梁处，遗基尚存。涣水又东径
谷阳县[72]，左会八丈故渎[73]，渎上承洨水[74]，南流
注于涣。涣水又东径谷阳戍[75]南，又东南径谷

阳故城东北,右与解水㉖会,水上承县西南解塘,东北流经谷阳城南,即谷水也,应劭曰城在谷水之阳,又东北流注于涣。涣水又东南径白石戍㉗南,又径虹城㉘南,洨水注之。水首受蕲水㉙于蕲县,东南流径谷阳县,八丈故渎出焉,又东合长直故渎㉚,沟上承蕲水,南会于洨。洨水又东南流径洨县㉛故城北,县有垓下聚,汉高祖破项羽所在也,王莽更名其县曰肴城。应劭曰洨水所出。音绞,《经》之绞也。洨水又东南与涣水乱流而入于淮,故应劭曰洨水南入淮。

①《世本》:战国时著作,记黄帝至春秋时各国贵族的氏姓、世系、都邑等。原书已散佚,今存辑本多种。 ② 楚灭之以为县:钟离县,三国魏废,晋太康二年(281)复置,东晋安帝改置燕县,北齐复名钟离,明初改为临淮。南朝宋以后历为徐州、北徐州、楚州、西楚州及钟离郡、濠州治所。故址在今安徽凤阳东北临淮关镇东,今存遗址。 ③《春秋左传》一句:熊会贞说,《左传》昭二十四年,吴人踵楚灭钟离,文异,此见《史

记·楚世家》，乃郦氏记忆之误。吴公子光，后自立为王，即吴王阖闾（庐），前514—前496年在位。 ④有石穴三句：今凤阳临淮关溯濠河而上，有石灰岩溶洞，名韭山仙人洞。洞口狭小，仅1米左右，进入10余米，逐渐开阔，直径达30多米，溶洞内有涌泉、怪石、石钟乳，可见《注》所记不虚。 ⑤濠水：今凤阳东濠河，入淮口古今有变化。 ⑥夏丘县：西汉置，南朝宋省。东魏武定六年（548）复置，唐初废。故址在今安徽泗县。 ⑦涣水：今浍河。 ⑧开封县：原名启封，秦置县，西汉避景帝讳改名开封，故址在今河南开封朱仙镇南故城村，唐初并入设在今开封市的浚仪县，延和元年（712）复置县，故址即今开封市。 ⑨韩釐王二十一年：前275年。 ⑩暴蒿：张守节正义云，音捐，韩将姓名。 ⑪陈留：秦置县，西汉为陈留郡治，晋废县，郡改为国，移治小黄（今开封东北）。隋初复置县，1957年并入开封县。故址在今开封东南陈留。 ⑫西入九里注之：戴云，按此六字脱误，未详细。 ⑬雍丘县：秦置县，金改名杞县。故址在今河南杞县。 ⑭承匡城：故址在今河南睢县西匡城。 ⑮襄邑县：秦置县，明初废。故址在今睢县。 ⑯宋襄公：？—前637年，春秋时宋国国君，前650—前637年在位。 ⑰梁惠成王十七年：前353

年。　⑱ 求成：求和。　⑲ 建和元年：147 年。　⑳《陈留风俗传》：东汉圈称撰。　㉑ 睢：即睢水。故道从今河南开封以东的古鸿沟分出，东经杞县、睢县、宁陵、商丘市、夏邑、永城市和安徽濉溪、宿州市、灵璧、江苏睢宁等地，注入古代的泗水。隋代以后，逐渐埋废改道。　㉒ 文章：文采，错综华美的色彩和花纹。这里是指纺织品。　㉓ 天子郊庙御服出焉：襄邑是古代著名的纺织品生产中心。《论衡·程才》"襄邑俗织锦"，西汉在这里设置服官，以供应朝廷需要的纺织品；东汉祭祀天地、宗庙等大礼需用的皇帝冕冠、公侯九卿以下衣裳，以及虎贲将等武官穿用绣有虎纹的衣服，都由襄邑贡献。㉔ 厥篚织文：《汉书·地理志》颜师古注："篚，竹器，筐属也；织文，锦绮之类，盛于筐篚而献之。"厥，其。　㉕ 己吾县：东汉置，北齐废。故址在今河南宁陵西南己吾城。　㉖ 鄟城：故址在今河南柘城北。　㉗ 襄公元年：前 572 年。　㉘ 韩厥：晋国贵族，后为卿，号献子。　㉙ 曹：西周、春秋国名。建都陶（今山东定陶西南），前 587 年为宋所灭。　㉚ 邾：一作邹。西周、春秋国名，原都邾（今山东曲阜市东南），前 614 年迁都绎（今山东邹城市东南邾国故城），战国时为楚所灭。㉛ 杞：西周、春秋国名。建都淳于（今山东安丘市东北杞城),前646年曾迁缘陵(今山东昌乐东南),战国时为楚所灭。
㉜ 鄢城:鄢,一作傿。西汉置傿县,西晋后废。故址在今柘城
东北远襄集。 ㉝ 新城:故址在今河南商丘市西南。
㉞ 明沟:在今商丘市、柘城东一带。 ㉟ 蓬洪陂:在今商丘
市南。 ㊱ 亳城:故址在今商丘市南。《寰宇记》卷十二宋
州谷熟县,亳城在县西南三十五里。 ㊲ 《帝王世纪》:晋皇
甫谧撰,南宋末佚,今存辑本。 ㊳ 汉武帝分谷熟置:熊会贞
说,谷熟县始见《续汉志》,此有讹文。 ㊴ 庄公十二年:前
682年。 ㊵ 御说:?—前651年,宋湣公弟,后即位,为宋桓
公,前681—前651年在位。 ㊶ 亳:有北亳、南亳。北亳在
今商丘市北,南亳在商丘市南。御说奔亳,杜预注:"蒙县西北
有亳城。"这是指北亳。《注》系此事于南亳,《寰宇记》卷十二
宋州谷熟县下同。 ㊷ 谷熟城:东汉置县,属梁国,西晋后
废。故址在今河南虞城西南谷熟镇。 ㊸ 更始:?—25年,
即刘玄,南阳蔡阳(今湖北枣阳市西南)人。新莽末年,被推为
更始将军,公元23年称帝。年号更始,更始三年被杀。
㊹ 襄公十二年:前561年。 ㊺ 子囊:楚庄王之子公子贞。
㊻ 庶长:秦国爵位。 ㊼ 阳亭:《注》说今睢阳东南三十里
有故杨梁城,又说阳亭西北去梁国八十里,梁国治睢阳,这里

显然有矛盾,如果《注》所记不误,则杨梁城和阳亭为两地。熊会贞说,汉梁国治睢阳,魏治未详。《晋志》以太康初为定,亦治睢阳(今商丘市南),此先言在睢阳东南三十里,又言西北去梁国八十里,则梁国在睢阳西北五十里。考《谷水志》京相璠与裴司空彦季修《晋舆地图》,作《春秋地名》。据《晋书·裴秀传》在泰始时,当是魏梁国移治,晋初因之,至太康时仍复故治也。 ㊽ 建平县:西汉置,三国魏废。故址在今河南夏邑西南马头。嘉靖《永城县志》:"建平城在县西南酂县乡,一名马头城,即汉建平县之故城也。"按马头原属永城县(今市),1954年划归夏邑县。 ㊾ 元凤元年:前80年。 ㊿ 杜延年:?—前52年,字幼公,西汉南阳杜衍(今河南南阳市西南)人。曾任校尉、太仆、北地太守、西河太守、御史大夫等职。 (51) 酂县:秦置县,汉属沛郡,北魏废。故址在今河南永城市西北酂城。 (52) 世子光:一作大子光,齐灵公子,后即位,为齐庄公。前553—前548年在位。世子,嫡长子。 (53) 鄌聚:《续汉书·郡国志》作郏聚。又鄌,《左传》作相。故址在今永城市南。 (54) 费亭:故址在今永城市西南新桥附近。《寰宇记》卷十二亳州永城县:费城在县西南二十五里,南临涣水,按《郡国志》云曹腾封酂费亭侯,即此城是也。 (55) 建和元年：147年。　㊌曹腾：曹操祖父。　㊍铚县：秦置县，西晋以后废。故址在今安徽濉溪南临涣。　㊎吴广：？—前208年，字叔，阳夏（今河南太康）人，秦二世元年（前209），与陈胜在大泽乡率众起义。　㊏葛婴：？—前209年，符离（今安徽宿州市东北）人，曾随陈胜、吴广起义。　㊐苞水：今包河。源出河南商丘市西北黄河故道南大堤南侧，东南流经商丘、虞城、亳州、永城、涡阳、濉溪等市县地，在濉溪境的临涣南注入浍河。亳州以下包河大致同古代苞水。　㊑谯城：秦置谯县，东汉为豫州治所，末年置谯郡于此。东晋改县名小黄，隋复旧。北魏谯郡移至蒙县（今商丘市北）。隋唐后谯县为亳州治所，明初废县入亳州，1912年改为县。故址即今安徽亳州市。　㊒自汀陂：熊会贞据《左传》成公十八年，认为即汋陂，"自"字是衍文。约在今亳州市北，确地无考。　㊓郸县：西汉置，属沛郡，三国魏废。故址在今安徽涡阳东北丹城。㊔景帝中元年：前149年。　㊕嵇山：在今涡阳东北齐山。《元和志》卷七亳州临涣县："嵇山在县西三十里。"《寰宇记》卷十七宿州临涣县："嵇山在县西北三十五里。"唐宋临涣县即今濉溪南临涣。今濉溪西即为涡阳。　㊖嵇康：224—263年，字叔夜，三国魏谯郡铚县（今濉溪南）人。文学家，为"竹林七贤"之一。　⑰黄初：魏文帝年号，220—226年。

⑱山桑：西汉置县，晋以后废。故址在今安徽蒙城北坛城。《元和志》卷七亳州蒙城县："檀公城，本汉山桑县城。"《寰宇记》卷十二亳州蒙城县："山桑县城在县北三十五里。"唐宋蒙城县同今县。　⑲置谯郡：谯郡的设置年代，自古有两说，一说东汉末年曹操置，一说魏代汉后置。《晋书·地理志》：魏武分沛立谯郡；《宋书·州郡志》：何(承天)志故属沛，魏明帝分立，按王粲诗"既入谯郡界，旷然消人忧"，粲是建安中亡，非明帝时立明矣；这里《注》又作魏文帝时置。按：王粲死于东汉建安二十二年(217)，则谯郡应为曹操时设置。　⑳蕲县：秦置县，东魏改置蕲城县，隋仍为蕲县，元代废。故址在今安徽宿州市南蕲县。　㉑黥布：？—前195年，即英布，六县(今安徽六安市北)人，曾属项羽，归汉后曾封为淮南王。

㉒谷阳县：西汉置县，北魏废县设镇，后先后置阳平郡、谷阳郡于此，隋复为县，唐并入蕲县。故址在今安徽固镇东南谷阳。　㉓八丈故渎：在今固镇东。　㉔洨水：相当今沱河。

㉕谷阳戍：故址约在今固镇附近。　㉖解水：相当今濉溪、宿州、固镇县市境澥河，但今澥河在固镇新马桥附近东南注入浍河。　㉗白石戍：约在今安徽五河西北。　㉘虹城：西汉

置虹县,属沛郡,南朝宋废。故址在今五河西北。 ⑦⑨蕲水:
从今河南商丘市古睢水东出,经安徽宿州市、灵璧、泗县,东南
注淮河。 ⑧⑩长直故渎:见后注。 ⑧⑴洨县:西汉置县,属
沛郡,东晋后废。故址在今固镇东濠城集。《清统志》凤阳府
洨县故城引灵璧县志:今为濠城集。按,今固镇县1964年析
灵璧等县置。

　　淮水又东至巉石山①,潼水②注之。水首
受潼县③西南潼陂,县故临淮郡之属县,王莽改
曰成信矣。南径沛国夏丘县④,绝蕲水,又南径
夏丘县故城西,王莽改曰归思也。又东南流径
临潼戍⑤西,又东南至巉石,西南入淮。淮水又
东径浮山⑥,山北对巉石山。梁氏天监中,立堰
于二山之间,逆天地之心,乖民神之望,自然水
溃坏矣⑦。淮水又东径徐县⑧南,历涧水⑨注
之,水导徐城西北徐陂,陂水南流,绝蕲水,径
历涧戍西,东南流注于淮。淮水又东,池水⑩注
之,水出东城县⑪,东北流径东城县故城南。汉

以数千骑追羽,羽帅二十八骑引东城,因四隤
山⑫,斩将而去,即此处也。《史记》孝文帝八
年⑬,封淮南厉王子刘良为侯国,《地理志》王
莽更名之曰武城也。池水又东北流,历二山
间,东北入于淮,谓之池口也。

淮水又东,蕲水注之,水首受睢水于谷熟
城东北,东径建城县⑭故城北,汉武帝元朔四

大泽乡遗址

年⑮，封长沙定王子刘拾为侯国⑯，王莽之多聚⑰也。蕲水又东南径蕲县，县有大泽乡⑱，陈涉⑲起兵于此，篝火为狐鸣⑳处也，南则洨水出焉。蕲水又东南，北八丈故沟出焉，又东流，南、北长直故渎㉑出焉。又东入夏丘县，东绝潼水，径夏丘县故城北，又东南径潼县南，又东南流入徐县，东绝历涧，又东径大徐县㉒故城南，又东流注于淮。淮水又东历客山㉓，径盱眙县㉔故城南，《地理志》曰都尉治。汉武帝元朔元年，封江都易王子刘蒙之为侯国，王莽更名之曰匡武。淮水又东径广陵，历淮阳城㉕，城北临泗水，阻于二水之间，《述征记》淮阳太守治，自后置戍，县亦时有废兴㉖也。

[又东北至下邳淮阴县西，泗水从西北来流注之]

淮、泗之会，即角城㉗也，左右两川，翼夹二水，决入之所，所谓泗口㉘也。

［又东过淮阴县北，中渎水出白马湖，东北注之］

淮水右岸，即淮阴也。城西二里有公路浦㉙，昔袁术㉚向九江，将东奔袁谭㉛，路出斯浦，因以为名焉。又东径淮阴县㉜故城北，北临淮水，汉高帝六年，封韩信㉝为侯国，王莽之嘉信也。昔韩信去下乡㉞而钓于此处也。城东有两冢，西者即漂母冢㉟也，周回数百步，高十余丈。昔漂母食信㊱于淮阴，信王下邳㊲，盖投金增陵㊳以报母矣；东一陵即信母冢也。县有中渎水㊴，首受江于广陵郡㊵之江都县㊶。县城临江，应劭《地理风俗记》曰：县为一都之会，故曰江都也。县有江水祠㊷，俗谓之伍相庙也。子胥㊸但配食㊹耳，岁三祭，与五岳㊺同。旧江水道也。昔吴将伐齐，北霸中国，自广陵城东南筑邗城㊻，城下掘深沟，谓之韩江，亦曰邗溟沟，自江东北通射阳湖㊼，《地理志》所谓渠水也，西北至末口㊽入淮。自永和㊾中，江都水

韩 信

断，其水上承欧阳[50]，引江入埭，六十里至广陵城，楚、汉之间为东阳郡，高祖六年为荆国，十一年为吴城，即吴王濞所筑也[51]，景帝四年更名江都[52]，武帝元狩三年更曰广陵，王莽更名郡曰江平、县曰定安。城东水上有梁，谓之洛桥。中渎水自广陵北出武广湖[53]东、陆阳湖[54]西，二湖东西相直五里，水出其间，下注樊梁湖[55]。旧道东北出，至博芝[56]、射阳二湖，西北出夹邪[57]，乃至山阳[58]矣。至永和中，患湖道多风，陈敏[59]因穿樊梁湖北口，下注津湖，径渡渡十二里[60]，方达北口，直至夹邪。兴宁[61]中，复以津湖多风，又自湖之南口，沿东岸二十里，穿渠入北口，自后行者不复由湖。故蒋济[62]《三州论》曰：淮湖纡远，水陆异路，山阳不通，陈登[63]穿沟，更凿马濑[64]，百里渡湖者也。自广陵出山阳白马湖[65]，径山阳城西，即射阳县[66]之故城也。应劭曰在射水之阳，汉高祖六年，封楚左令尹项缠为侯国也，王莽更之曰监淮亭。世祖建武十五年，封子荆为山阳公治此[67]，十七年为王国。城本北中郎将庾希[68]所镇。中渎水又东，谓之山阳浦，又东入淮，谓之山阳口者也。

[又东，两小水流注之]

淮水在径泗水国南，故东海郡也。徐广《史记音义》曰：泗水，国名。汉武帝元鼎三年初置，都郯[69]，四年，常山宪王子思王商为国。《地理志》曰：王莽更泗水郡为顺水[70]，凌县为生凌。凌水[71]注之，水出凌县[72]，东流径其县故

城东,而东南流注于淮,是曰凌口也。应劭曰
凌水出县西南,入淮。即《经》之所谓小水
者也。

　　① 巉石山:今江苏泗洪西南潼河山。　② 潼水:相当今
安徽泗县、江苏泗洪境潼河。　③ 潼县:潼,各《地理志》都
作僮。秦置县,约北齐时废,故址在今安徽泗县东北潼城。
④ 沛国夏丘县:西汉属沛郡,三国魏、西晋属下邳国(郡),三
国魏、西晋都有沛国,但不领夏丘县,所以国应作郡。夏丘县,
西汉置,南朝宋省。故址在今泗县。　⑤ 临潼戍:当在今泗
洪西。　⑥ 浮山:在今安徽明光(嘉山)东北。　⑦ 梁氏天
监中五句:史称浮山堰,梁天监十三年(514)筑,十五年(516)
溃决。　⑧ 徐县:西汉置,西晋后废。故址在今泗洪南大徐
台。　⑨ 历涧水:今泗洪南溧河。　⑩ 池水:今定远、明光
境池河。　⑪ 东城县:秦置县,汉属九江郡,西晋后废。故址
在今定远东南。　⑫ 四隤山:《寰宇记》卷一百二十四和州
乌江县:“四隤山在县西北七十五里,项羽既败于垓下,东走至
东城,所从惟二十八骑,汉兵追者数千,羽乃引骑因四隤山而
为圆陈,即此山也。”宋乌江县在今安徽和县东北乌江镇。《清

统志》和州："亦名四马山,接江苏江宁府江浦县界。"今和县、江浦交界处有四马山。　⑬ 文帝八年:前 172 年。　⑭ 建城县:西汉置,东汉废。城,《汉书·地理志》作成。故址在今河南永城市东南侯岭乡西的二郎庙湖。　⑮ 元朔四年:前 125 年。　⑯ 封长沙定王子刘拾为侯国:与《赣水注》下重复,此误。　⑰ 王莽之多聚:为豫章郡建成县(今江西高安),此误。⑱ 大泽乡:在今宿州市东南。　⑲ 陈涉:? —前 208 年。即陈胜,字涉,阳城(关于阳城所在,有在今河南登封、方城、商水、安徽宿州市诸说)人。秦二世元年(前 209)与吴广在大泽乡率众起义。　⑳ 篝火为狐鸣:用竹笼罩着火装作狐狸叫。㉑ 南北长直故渎:约在今固镇以东、灵璧及泗县以西一带。㉒ 大徐县:熊会贞说:县字当衍。按《魏书·地形志》高平郡,治大徐城;《隋书·地理志》徐城,梁置高平郡;《寰宇记》卷一百六十四泗州临淮县,故徐城,一名大徐城,据上,徐城即大徐城,所以上文徐县指的是县境,这里的大徐县就是徐县城。　㉓ 客山:在今江苏盱眙东北。　㉔ 盱眙县:秦置盱台县,西汉改名盱眙,东汉又名盱台,西晋仍名盱眙,为临淮郡治所,东晋后为盱眙郡治所,唐以后属泗州。秦至西晋故址在今盱眙东北三十五里,东晋后故址在今盱眙东北五里,唐以后故址即今盱眙县。　⑤东径广陵历淮阳城：戴震删历。熊会贞说，删非也，富陵县在盱眙县东北六十里，地望相合，则当本作富陵，富、广形近致讹脱县字耳。按淮阳城位于古代泗水与淮水汇合处的泗口附近，故址在今江苏淮安市淮阴区西南，三国、西晋时广陵郡治淮阴，辖境扩展至淮河以北，当时泗口即与广陵连称，如魏黄初五年（224），曹丕南征，史称"幸广陵泗口"（《三国志·魏志·刘晔传》），东晋后虽曾置淮阳郡，但这里是南北朝交界地带，因此，也有可能是指广陵的淮阳城，"广"字不误，而"历"为衍文。　⑥县亦时有废兴：这句话不够明确，所以熊会贞说，注不言何县，细审此县，盖指角城也。按：淮阳城和角城相距十八里（《魏书·高闾传》），两者不是一个地方，上文记淮阳城、淮阳郡、淮阳戍，下文记角城，那么这里的县似应指淮阳县，《魏书·地形志》记载东魏武定七年（549）置淮阳县，但为郦道元去世以后的事。南北朝时代战争频繁，行政建制变化较大，很有可能东魏以前也曾一度设过淮阳县（《清统志》淮安府即认为淮阳是晋县），所以说"县亦时有废兴"，变迁沿革不一一记述罢了。　⑦角城：故址在今淮安市淮阴区西南的古代泗水与淮水交合处以西。　⑧泗口：泗水和淮水交汇口，在今淮安市淮阴区西南码头镇西北。

《注》记载的泗水下游,就是金元时黄河夺淮入海以前的泗水河道,现在还存在着故道遗迹,称为废黄河。《汉书·地理志》记载的泗水下游,是在睢宁(今泗洪东南)南入淮的,和《注》不同,过去有些学者认为班固的《汉书·地理志》搞错了,谭其骧指出:不是班固搞错了,而是水道变了(《汉书·地理志》选释)。 ㉙公路浦:约在今淮安市淮阴区西南的码头镇附近。 ㉚袁术:?—199年,字公路,东汉汝南汝阳(今河南商水西北张庄乡城上)人。东汉末率众割据江、淮下游,后为曹操所破。 ㉛袁谭:?—205年。袁绍长子,后为曹操所破。 ㉜淮阴县:秦置县,三国魏为广陵郡治,元废入山阳县。故址在今淮安市淮阴区西南码头镇北。 ㉝韩信:?—前196年,淮阴(今淮安市淮阴区西南)人。秦末属项羽,后归刘邦,善将兵,汉初封为楚王,后降为侯,刘邦末年为吕后所杀。 ㉞下乡:《史记·淮阴侯列传》司马贞索引说,乡名,属淮阴郡。 ㉟漂母冢:漂母是洗丝绵的老妇。漂母墓在今淮安市淮阴区码头镇东,一名泰山墩。 ㊱食信:把自己的饭给韩信吃。 ㊲王下邳:秦置下邳县,故址在今江苏睢宁西北,金初移治,明初废。汉五年(前202)徙封韩信为楚王,为异姓诸侯国,建都下邳。 ㊳增陵:修建加高坟墓。 ㊴中渎水:

即邗沟,古运河。故道南起今江苏扬州市南长江,北经高邮市西,东北折入射阳湖,再西北至淮安市注入古淮河。东汉末,改开新道,大致即今里运河一线。 ㊵ 广陵郡:西汉置,治广陵(今江苏扬州市),三国魏移治淮阴(今淮安市淮阴区西南)。东晋仍治广陵,隋废。 ㊶ 江都县:西汉置,三国魏废。西晋又置,南朝齐废,隋复置。故址原在今扬州市西南四十余里。隋迁治今扬州市,1949年又迁仙女庙(江都镇),1994年撤县设市。 ㊷ 江水祠:故址在今扬州市瓜洲镇东南江中。《续汉书·郡国志》广陵郡江都县:有江水祠。《清统志》扬州府:在江都县南瓜洲镇。古瓜洲镇已在清末坍入长江中。㊸ 子胥:即伍员(?—前484),字子胥,春秋时楚大夫伍奢之子,伍奢被杀后逃亡吴国,帮助阖闾取得吴王位,参与国事,吴王夫差时被杀。 ㊹ 配食:即配享,附祭。 ㊺ 五岳:中原地区的五座名山。古代认为是群神所居可以主宰人间,历代帝王多往祭祀。五岳起源于古人对山岳的崇拜,经过长期的演变,到汉宣帝时以今河南的嵩山为中岳,山东的泰山为东岳,陕西的华山为西岳,河北曲阳的恒山为北岳,安徽的潜山(天柱山)为南岳。约南北朝时以今湖南的衡山为南岳,明代以今山西浑源的恒山为北岳。 ㊻ 邗城:故址在今扬州市西北蜀冈。 ㊼ 射阳湖：今江苏射阳湖一带。 ㊽ 末口：故址在今江苏淮安市，已堙没。 ㊾ 永和：东汉顺帝、东晋穆帝都有永和年号，杨守敬说这里的永和是东晋穆帝年号，东晋永和为 345—356 年。近郭黎安考证认为是东汉顺帝年号（《里运河变迁的历史过程》）。顺帝永和为 136—141 年。 ㊿ 欧阳：故址在今江苏仪征市东。 (51) 十一年为吴城二句：十一年，应作十二年（前 195），《史记·荆燕世家》"十二年立沛侯刘濞为吴王，王故荆地"。吴王濞，刘邦侄，封为吴王，景帝时因削藩起兵被杀。 (52) 景帝四年更名江都：四年，应作三年（前 154），景帝三年正月，吴王濞联合七国起兵，六月讨平，撤销吴国，以汝南王刘非为江都王，王吴国故地。见《史记》孝景本纪、吴王濞列传。《诸侯王表》作景帝四年，误。 (53) 武广湖：约在今江苏高邮市西南及扬州市、江都市间的邵伯湖一带。杨守敬说，武安湖即武广湖；《清统志》扬州府，在高邮州西南三十里。清高邮州即今高邮市。 (54) 陆阳湖：在今江都北绿洋一带。 (55) 樊梁湖：约在今高邮市西北高邮湖一带。《清统志》扬州府，在高邮州西北五十里。 (56) 博芝：即博支湖，在今江苏宝应东南。《清统志》扬州府，在宝应县东南九十里，北会射阳湖。 (57) 夹邪：熊会贞说，疑为夹邱之误，当在今宝应之北，山阳之南。按邗沟是利用今苏北当时的一些主要湖泊联缀而成，为了利用今大运河以东的博芝、射阳二湖，航道先向东北，穿过二湖，又折向西北，《注》这里记的是水路，邪通斜，夹邪似为沟通湖间的水道名。 (58) 山阳：东晋设县，为山阳郡治，曾为兖州治所，隋以后为楚州、淮安府治，1914 年废府，改县为淮安，今为淮安市楚州区。 (59) 陈敏：？—307 年，字令通，西晋庐江（今安徽舒城）人。西晋末，一度割据江、淮。熊会贞说，《晋书·陈敏传》敏尝为广陵度支及广陵相，此盖其时事；但考在惠帝末，下距穆帝永和四十年，不合，此当作永安或永兴，和字乃涉上文而误。 (60) 下注津湖二句：津湖在今宝应南。《清统志》扬州府：在宝应县南六十里，东通运河，西接汜光湖，南入高邮州界，或曰即三国魏之精湖。全句似为“下注津湖、径渡十二里方达北口”，衍一“渡”字。 (61) 兴宁：东晋哀帝年号，363—365 年。 (62) 蒋济：？—249 年，字子通，楚国平阿（今安徽怀远西南）人。三国魏文帝时，曾作《三州论》，后官至太尉。 (63) 陈登：《合校》本作陈敏，《注疏》本作陈登。杨守敬引刘文祺说，陈敏，晋惠帝太安时人，在蒋济后八十年，《三州论》不当引之，当作陈登，以《三国志》登传曾为广陵太守也。按陈登，字元龙，东汉末曾任典农校尉,做过水利工作,"巡土田之宜,尽凿溉之利"(《三国志·魏志·陈登传》裴松之注引《先贤行状》),后随父沛相陈珪归附曹操,被任命为广陵太守。本段"永和中患湖道多风"至此,可以有几种解释:一、永和为东汉顺帝年号,陈敏是东汉人,不是《晋书》曾割据江淮的陈敏,这样和下文提到东汉末的陈登和三国魏时的蒋济可以相呼应;二、陈敏就是《晋书》提到的陈敏,永和的"和"字有误,但是上文说西晋末陈登开凿运道,和下文引《三州论》,显然时代上有矛盾,同时说"永和"年号有误,也没有版本依据;三、如果陈敏确是东汉的人,那么蒋济《三州论》中提到的,也可能就是东汉的陈敏,而不是陈登了;四、兴宁是东晋年号,所以陈敏是西晋末的陈敏,陈登也是三国时的陈登,只是《注》把时代颠倒了。　**㉔** 马濑:杨守敬引顾炎武《天下郡国利病书》,白马湖也。　**㉕** 白马湖:在今江苏宝应、淮安、洪泽、金湖市县境的白马湖一带。《舆地纪胜》卷三十九楚州:在宝应县北十五里。宋宝应县即今县。**㉖** 射阳县:西汉置,三国魏废。西晋复置,东晋省。故址在今宝应东北射阳镇。山阳城和射阳县不是一地,杨守敬说,此注谓山阳城即射阳县之故城,非也。　**㉗** 封子荆为山阳公治此:东汉河内郡有山阳县(今河南焦作市东);另有山阳郡,治昌邑(今山东巨野南)。今淮安的山阳郡、山阳县,东晋义熙九年(413)置(《宋书·州郡志》、《寰宇记》卷142),在东汉以后。刘荆建武十五年(39)封为山阳公,十七年(41)为山阳王,封地应是今山东境的山阳,永平元年(58)刘荆徙封为广陵王,广陵在今扬州,东晋山阳郡在东汉的广陵郡境,《注》因此致误。 ⑱ 庾希:？—372年,字始彦。《晋书·哀帝纪》隆和元年(362)二月以吴国内史庾希为北中郎将,镇下邳,十二月退镇山阳。 ⑲ 都郯:《史记·汉兴以来诸侯王年表》同。《汉书·地理志》泗水国领县三,无郯县,郯县(今山东郯城)属东海郡。熊会贞说,注全本《史》表,郯当作凌无疑。 ⑳ 顺水:《汉书·地理志》作水顺。 ㉑ 凌水:源出今泗阳北,东流至淮安市注淮河。 ㉒ 凌县:秦置县,晋末废。故址在今江苏泗阳西北。

[又东至广陵淮浦县①入于海]

应劭曰:浦,岸②也。盖临侧淮渍,故受此名。淮水径县故城东,王莽更名之曰淮敬。淮水于县枝分,北为游水③,历朐县④与沭⑤合。

又径朐山⑥西，山侧有朐县故城。秦始皇三十
五年⑦，于朐县立石海上，以为秦之东门。崔
琰⑧《述初赋》曰：倚高舻⑨以周眄⑩兮，观秦门
之将将⑪者也。东北海中有大洲，谓之郁洲⑫，
《山海经》所谓郁山在海中者也。言是山自苍
梧⑬徙此，云山上犹有南方草木⑭，今郁州治⑮。
故崔季珪之叙《述初赋》，言郁州者，故苍梧之
山也，心悦而怪之，闻其上有仙士⑯石室也，乃
往观焉，见一道人独处，休休然⑰不谈不对，顾
非己所及也，即其赋所云，吾夕济于郁洲者也。
游水又北径东海利成县⑱故城东，故利乡也，汉
武帝元朔四年，封城阳共王子婴为候国，王莽
更之曰流泉。游水又北，历羽山⑲西，《地理
志》曰羽山在祝其县⑳东南。《尚书》曰：尧畴
咨㉑四岳㉒得舜，进十六族㉓，殛鲧㉔于羽山，是
为梼杌，与驩兜、三苗、共工同其罪，故世谓之
四凶㉕。鲧既死，其神化为黄龙㉖，入于羽渊，

是为夏郊,三代祀之^㉗。故《连山易》^㉘曰:有崇伯鲧^㉙伏于羽山之野者是也。游水又北径祝其县故城西,《春秋》经书:夏,公会齐侯于夹谷^㉚。《左传》定公十年,公及齐平^㉛,会于祝其,实夹谷也。服虔曰地二名^㉜,王莽更之曰犹亭,县之东有夹口浦。游水左径琅邪即丘县^㉝故城之西,《地理志》曰:莒子起于此,后徙莒,有盐官。故世谓之南莒也。游水又东北径赣榆县^㉞北,东侧巨海,有《秦始皇碑》在山上,去海一百五十步,潮水至,加其上三丈,去则三尺,所见东北倾石,长一丈八尺,广五尺,厚三尺八寸,一行一十二字。游水又东北径纪鄣故城^㉟南。《春秋》昭公十九年^㊱,齐伐莒^㊲,莒子奔纪鄣。莒之妇人,怒莒子之害其夫,老而托纺焉,取其纑而夜缒,缒绝鼓噪^㊳,城上人亦噪,莒共公惧,启西门而出,齐遂入纪。故纪子帛^㊴之国,《穀梁传》^㊵曰吾伯姬归于纪者也。杜预曰：纪鄣，地二名，东海赣榆县东北有故纪城。即此城也。游水东北入海，旧吴之燕、岱[41]，常泛巨海，惮其涛险，更沿溯是渎，由是出。《地理志》曰：游水自淮浦北入海，《尔雅》曰：淮别为浒。游水亦枝称者也。淮水又东入于海。

① 淮浦县：西汉置，南朝宋废。故址在今江苏涟水西。② 岸：水边。今本《汉书·地理志》颜师古引应劭说：淮，涯也。《吕氏春秋·知分》：浦，岸也；一曰崖也。 ③ 游水：从今涟水东古淮河，北流至连云港市附近入海。 ④ 朐县：秦置县，西汉属东海郡，北周改为朐山。故址在今江苏连云港市西南锦屏山侧。 ⑤ 沭：即沭水，相当今沭河、后沭河，下游入古游水。 ⑥ 朐山：今连云港市西南锦屏山。 ⑦ 秦始皇三十五年：前212年。 ⑧ 崔琰：字季珪，东汉清河东武城（今河北故城西南）人。后为曹操所杀。 ⑨ 舻：《汉书·武帝纪》颜师古引李斐说，船前头刺棹处也。 ⑩ 周眄：环视、环顾。 ⑪ 将将：高大、雄壮貌。 ⑫ 郁洲：在今连云港市云台山一带，原为近海岛屿，约清康熙末年与大陆相连。

⑬ 苍梧：古地区名。《史记·五帝本纪》舜"南巡狩,崩于苍梧之野",汉代以后一般泛指今湖南九嶷山以南及广西贺江、桂江、郁江一带,曾置苍梧郡,治广信(今广西梧州市),隋废。

⑭ 山上犹有南方草木：云台山地属暖温带,由于独特的小气候环境,这里的植物具有明显亚热带向暖温带过渡的特征,一些亚热带植物也能正常生长。古代四周环海,小气候条件比现在更优越,可见当时记述是有根据的。 ⑮ 今郁州治：南朝宋明帝时淮北地入北魏后,泰始二年(466)在郁洲侨置青州、冀州,称青、冀二州,二州共一刺史,这种制度就是所谓双头刺史,也有单称青州的,见《宋书》州郡志、符瑞志,《南齐书·州郡志》、《魏书·咸阳王禧传》等,未见有郁州建制,所以熊会贞说,此非郁州也,郁字乃涉上下文而误。但郁洲地处北魏和南朝边境,人员往来频繁,史籍有不少记载,而且又是郦道元当时的事,或郁州为北魏对南朝设在郁洲上青、翼二州的俗称,或史缺载。 ⑯ 仙士：指道教徒。 ⑰ 休休然：安闲自得的样子。 ⑱ 东海利成县：东海,郡名,秦置,治郯县,南朝齐改置北东海郡。利成县为东海郡属县,成,一作城,南朝宋废。故址在今江苏赣榆西古城村。 ⑲ 羽山：今山东临沭与江苏东海交界处羽山。 ⑳ 祝其县：西汉置,南朝宋省。

故址在今赣榆西北。　㉑畴咨：意为访求。畴，谁。咨，咨询，访问。　㉒四岳：传说中尧舜时的四方部落首领。㉓进十六族：意为舜举拔十六个家族。《左传》文公十八年（前619）说，高阳氏有才能的子孙八人，称为"八恺"；高辛氏有才能的子孙八人，称为"八元"，"此十六族也"。　㉔殛鲧（gǔn）：处死鲧。殛，诛戮。鲧，传说中的部落领袖，奉尧命治水，因违反客观规律，一味采用堵塞办法，结果九年不成。㉕四凶：古代传说中被舜流放的四个部落首领。《尚书》说，放逐共工于幽州、驩兜于崇山、三苗于三危，处死鲧于羽山。㉖化为黄龙：这是神话传说，《山海经·海内经》郭璞注引《开筮》说，鲧死三岁不腐，剖之以吴刀，化为黄龙。《左传》昭公七年（前535）作化为黄熊。　㉗是为夏郊二句：为夏朝所郊祀。三代指夏、商、周三朝，都相沿祭祀。郊，古代的祭礼，《左传》杜预注，鲧，禹父，夏家郊祭之，历商、周二代，又通在群神之数，并见祀。　㉘《连山易》：《新唐书·艺文志》易类有《连山》十卷。熊会贞说，多疑《连山》为隋刘炫伪作，而道元在炫前，所见犹是真本。　㉙崇伯鲧：《史记·夏本纪》司马贞索隐说《连山易》之"鲧封于崇"，故《国语》谓之"崇伯鲧"。崇，故址在今河南嵩县北；一说在今陕西西安市长安区沣水两岸,或说在今河南嵩山。　　㉚ 夹谷:今江苏赣榆西夹山。
㉛ 平:媾和。　　㉜ 地二名:意为夹谷、祝其是一地二名。
《史记·齐世家》夹谷,裴骃集解引服虔说:东海祝其县是也。
㉝ 琅邪即丘县:琅邪,郡、国名,秦置郡,治琅邪(今山东胶南
市西南),西汉治东武(今山东诸城市),东汉改为国,治开阳
(今山东临沂市北),北魏治即丘,隋废。即丘县,《大典》本、
《注疏》本同,《合校》本作计斤县。即丘原为西汉东海郡属
县,《沭水注》即作"东海郡即丘县",《汉书·地理志》同,东汉
后改属琅邪国,隋废。故址在今山东临沂市东南。计斤县,西
汉置,东汉废。故址在今山东胶州市。作即丘县,大致符合游
水的流向,但和下文不合,下文"莒子起于此,后徙莒,有盐
官",这是《汉书·地理志》琅邪计斤县下的话,而如作计斤
县,又地域相差过远,与游水根本无关。所以无论作即丘县或
作计斤县,均不妥,疑《注》文笔误或后世传写致误。　　㉞ 赣
榆县:西汉置,三国魏废,西晋太康年间复置,北齐废。故址
在今赣榆东北盐仓(小站村北4公里)。《元和志》卷11 海州
怀仁县:赣榆故城,一名盐仓城,在县东北三十里,汉旧县也。
唐怀仁县即金代以后的赣榆县,故址在今县(青口镇)西北。
㉟ 纪鄣故城:故址在今赣榆东北。　　㊱ 昭公十九年:前528

年。 ㊲莒：西周分封诸侯国，都计斤，春秋初迁到莒（今山东莒县），前431年为楚所灭。 ㊳老而托纺焉三句：原据《左传》，《注》删略过甚，原文大意是，莒子逃至纪鄣，有个老妇丈夫曾被莒子所害，在纪鄣依城墙的高度纺麻搓绳收藏起来，等到齐军到来，就把绳子扔出去，或者献给齐军，齐军在晚上攀绳登城，莒子只好逃走。纑，麻缕。缒，系绳子上下。绝，断。鼓噪，大声呐喊。 ㊴子帛：裂缯字，纪大夫。 ㊵《穀梁传》：即《春秋穀梁传》，旧传战国时鲁国人穀梁赤撰，为阐释《春秋》的书。 ㊶旧吴之燕、岱：意为旧时从吴至燕、岱。吴地在今长江下游一带；燕地指今河北北部、辽宁南部等地；岱是泰山的别称，《禹贡》"海、岱惟青州"，这里是指今山东半岛一带。

《注》文以优美流畅的文笔，生动地描绘了淮河从发源地到入海口全流域的面貌，把这一地区丰富的历史、人文内涵，变成了栩栩如生的画面，像禹会诸侯于涂山的传说和考证，鸿郄陂的水利工程，陈胜、吴广起义的大泽乡，项羽兵败的垓下聚，人称淮河三峡的硖石、荆山和浮山，今里运河前身邗沟、中渎水的演变，今云台山的亚热带植被等,一一展现在读者面前。

《注》对不少地方的叙述是十分正确的。今河南信阳市长台关到安徽寿县之间,沿河两岸是一片广衍的平原,只有息县境的淮河南岸,有一座海拔149米的小山蒲公山(即《注》中的浮光山),《注》却能记下它精确的相对方位。在当时的技术条件下,能取得如此的科学成果,实在使人惊叹。

在当涂县故城下提到了禹山,当涂县在今安徽怀远南。关于涂山的位置,《汉书·地理志》九江郡当涂县颜师古引应劭说:禹所娶涂山侯国也;《左传》哀公七年(前488)杜预注:涂山在寿春西北。又有说在今重庆市南和浙江绍兴市,《华阳国志·巴志》巴郡江州县有涂山,江州县即今重庆市;《明统志》卷四十五绍兴府山川:"涂山,在府城西北四十里,旧经禹会万国之所,又凤阳、重庆皆有涂山。"谭其骧据《淮水注》等记载说:"前人释涂山地望,众说纷纭,惟此今怀远县东南淮水南岸一说,合于汉晋旧籍,宜以为正。"(《涂山考》)

《注》中记录了淮河流域鸿郤陂、芍陂等水利工程和政绩显著的刘陶等地方官,刘陶事迹和称颂刘陶的童谣,都来自司马彪《续汉书》,他加了"见思如此"四字,反映了作者对百姓思念为民办事的官员感到震动,实际上也表达了自己的景仰之情感。

当时南朝梁在淮河上修筑的浮山堰,是为了对付北魏而兴建的。天监十三年(514),梁武帝采纳北魏降人王足的建议,想用淮河河水来淹北魏控制的寿阳,于是命祖籍今中亚的蓝田(今陕西蓝田西南)人康绚,率领三十万人,在浮山和巉石山之间的淮河上修筑拦河大坝,天监十五年(516)春合龙。大坝全长九里,底广一百四十丈(约合346米),水深十九丈五尺(约合48米),回水周围几百里,同年农历九月,淮河暴涨,冲决大坝,洪水直泻,声闻三百里外,漂没沿淮城戍村落,死伤十多万人。作者站在北魏的政治立场上,认为筑堰违反了自然规律和民意,所以堤坝的溃决是注定要发生的。据调查今浮山、潼河之间,南北广1 580米,峡内淮河宽180米,整个山脉海拔约40余米,正合上述大坝高二十丈的记载,所以水深十九丈五尺应是指大坝合龙后的蓄水深度。又今浮山山脉峰面南北连绵数十里，是一样的平齐完整，见徐近之《淮水平原与淮河中游的地文》，应是当时人工开凿的结果。

当然《注》中也有一些错误，例如在建成县说，汉封长沙王子为侯国，王莽改名多聚。但是汉朝有两个建成县，一个属沛郡，在今河南的永城境；一个属豫章郡，在今江西高安。《注》在两建成县下都说封长沙定王子刘拾为侯国，赵一清说：按索隐曰，表在豫章，道元于《赣水篇》已引之，此误也；熊会贞按，《史》、《汉》表同，豫章与长沙近，故以封豫章为是。又王莽改建成为多聚，《汉书·地理志》沛郡建成县下不载，豫章郡建成县下有此文，《注》两县下都说"王莽之多聚"，显然也应以豫章郡建成县下为正确，系在《淮水注》沛郡建成县下是错误的。

作者郦道元大概因为亲自到过淮河流域，所以对淮河记得特别详细，除了《淮水注》以外，还有记载淮河支流的《决水注》、《沘水注》、《泄水注》、《淝水注》，有些内容互有关联，如《淮水注》虽然提到八公山，但以八公

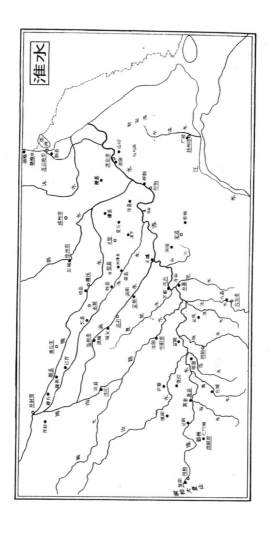

山为主要战场的淝水之战记入了《淝水注》中,并且记载了他亲自登上八公山的事迹和所见。

淮河和黄河原来自西向东并行,约 12 世纪黄河南泛,逐渐夺淮,干扰了淮河河道,重新塑造了全流域水系和地貌,特别是淮河北岸和今洪泽湖及以东入海口广大地区影响最大,直至清咸丰五年(1855)铜瓦厢决口,黄河北徙,始又结束了黄河由淮入海的历史。《淮水注》的记载,无疑是复原 6 世纪以前古代淮河流域面貌最可靠的依据。

十七、三峡

本文选自卷三十三、三十四《江水注》。

三峡是今瞿塘峡、巫峡、西陵峡的总称,河谷由峡谷与宽谷相间,自西向东,从重庆市奉节白帝城到巫山县西大溪,长约8公里,称为瞿塘峡;巫山县大宁河口至湖北巴东县官渡口,长约40公里,称为巫峡;秭归县香溪口到宜昌市北,中间有宽谷分隔,峡谷长约40多公里,称为西陵峡;峡谷和宽谷全长约190多公里。它是地质时期大自然塑造的奇迹,峡谷中滩多汛急的江水,两岸雄伟壮丽的群山,丰富多彩的人文景观,充满想像的神话故事,变化无穷的四季景色,千百年来为人们所欣赏和流传。阅读《水经注》这段文字,仿佛在读者面前展现出一幅赏心悦目的山水画卷。现在兴建的三峡大坝已经开始蓄水，三峡将逐步以新的容貌出现在人们面前。本段选自《江水注》，江是古代长江的专称。

　　江水又东径广溪峡①，斯乃三峡之首也。其间三十里，颓岩倚木，厥势殆交②。北岸山上有神渊，渊北有白盐崖③，高可千余丈，俯临神渊。土人见其高白，故因名之。天旱，燃木崖上，推其灰烬，下秽渊中，寻即降雨。常璩④曰：县有山泽水神，旱时鸣鼓请雨，则必应嘉泽⑤。《蜀都赋》⑥所谓应鸣鼓而兴雨也。峡中有瞿塘⑦、黄龙二滩，夏水回复，沿溯⑧所忌。瞿塘峡滩上有神庙，尤至灵验。刺史二千石⑨径过，皆不得鸣角伐鼓；商旅上下，恐触石有声，乃以布裹篙足，今则不能尔，犹飨荐⑩不辍。此峡多猿，猿不生北岸，非惟一处，或有取之，放著北山中，初不闻声，将同狢兽渡汶而不生矣⑪。盖自昔禹凿以通江，郭景纯所谓巴东之峡，夏后疏凿者也。

……江水又东径巫县[12]故城南，县故楚之巫郡也。秦省郡，立县以隶南郡。吴孙休分为建平郡[13]，治巫城，城缘山为墉，周十二里一百一十步，东西北三面皆带旁深谷，南临大江，故夔国也。江水又东，巫溪水[14]注之，溪水导源梁州晋昌郡之宣汉县[15]东，又南径建平郡泰昌县[16]南，又径北井县[17]西，东转历其县北，水南有盐井，井在县北，故县名北井，建平一郡之所资[18]也。盐水下通巫溪，溪水是兼盐水之称矣。溪水又南，屈径巫县东，县之东北三百步，有圣泉，谓之孔子泉[19]。其水飞清石穴，洁并高泉[20]，下注溪水。溪水又南入于大江。

江水又东径巫峡，杜宇[21]所凿以通江水也。郭仲产[22]云：按《地理志》巫山在县西南，而今县东有巫山，将郡、县居治无恒故也。江水历

峡东,径新崩滩㉓,此山汉和帝永元十二年㉔
崩,晋太元二年㉕又崩,当崩之日,水逆流百余
里,涌起数十丈,今滩上有石,或圆如箪㉖,或方
似笥㉗,若此者甚众,皆崩崖所陨,致怒湍流,故
谓之新崩滩。其颓岩所余,比之诸岭,尚为竦
桀㉘。其下十余里,有大巫山,非惟三峡所无,
乃当抗峰岷、峨,偕岭衡、疑㉙。其翼附群山,并
概青云,更就霄汉,辨其优劣耳㉚。神孟涂所
处。《山海经》曰:夏后启之臣孟涂,是司神于
巴,巴人讼于孟涂之所,其衣有血者执之㉛,是
请生居山上,在丹山西,郭景纯云:丹山在丹
阳㉜,属巴。丹山西即巫山者也,又帝女居焉。
宋玉所谓天帝之季女,名曰瑶姬,未行而亡,封
于巫山之台,精魂为草,实为灵芝,所谓巫山之
女,高唐之姬,旦为行云,暮为行雨,朝朝暮暮,
阳台之下。旦早视之,果如其言,故为立庙,号
朝云焉㉝。其间首尾一百六十里,谓之巫峡,盖

因山为名也。

　　自三峡七百里中，两岸连山，略无阙处，重岩叠嶂，隐天蔽日，自非停午夜分㉞，不见曦㉟月。至于夏水襄陵㊱，沿溯阻绝，或王命急宣，有时朝发白帝，暮到江陵，其间千二百里，虽乘奔御风㊲，不以疾也。春冬之时，则素湍绿潭，回清倒影，绝𪩘㊳多生怪柏，悬泉瀑布，飞漱其间，清荣峻茂㊴，良㊵多趣味。每至晴初霜旦，林寒涧肃㊶，常有高猿长啸，属引㊷凄异㊸，空谷传响，哀转久绝。故渔者歌曰：巴东三峡巫峡长，猿鸣三声泪沾裳。……

　　江水自建平至东界峡，盛弘之谓之空泠峡㊹，峡甚高峻，即宜都㊺、建平二郡界也。其间远望，势交岭表，有五六峰，参差互出。上有奇石，如二人像，攘袂㊻相对，俗传两郡督邮㊼争界于此，宜都督邮，厥势小东倾，议者以为不如也。江水历峡东，径宜昌县之插灶下，江之

长江三峡

左岸，绝崖壁立数百丈，飞鸟所不能栖。有一火烬，插在崖间，望见可长数尺。父老传言，昔洪水之时，人薄舟崖侧，以余烬插之岩侧，至今犹存，故先后相承谓之插灶也。江水又东径流头滩，其水并峻激奔暴，鱼鳖所不能游。行者常苦之，其歌曰：滩头白勃⑱坚相持，悠忽沦没别无期。袁山松曰：自蜀至此，五千余里，下水五日，上水百日也。江水又东径宜昌县⑲北，分夷道⑳、佷山㉑所立也。县治江之南岸，北枕大江，与夷陵㉒对界。《宜都记》㉓曰：渡流头滩十里，便得宜昌县也。江水又东径狼尾滩而历人滩。袁山松曰：二滩相去二里。人滩水至峻峭，南岸有青石，夏没冬出，其石嵚崟⑭，数十步中，悉作人面形，或大或小。其分明者，须发皆具，因名曰人滩也。江水又东径黄牛山⑮，下有滩，名曰黄牛滩。南岸重岭叠起，最外高崖间有石色如人负刀牵牛，人黑牛黄，成就分明，既人迹所绝，莫能穷焉。此岩既高，加以江湍纡回，虽途径信宿，犹望见此物，故行者谣曰：朝发黄牛，暮宿黄牛，三朝三暮，黄牛如故。水路纡深，回望如一矣。

江水又东径西陵峡⑯，《宜都记》曰：自黄牛滩东入西陵界，至峡口一百许多里，山水纡曲，而两岸高山重嶂，非日中夜半，不见日月。绝壁或千许丈，其石彩色形容，多所像类。林木高茂，略尽冬春。猿鸣至清，山谷传响，泠泠⑰不绝。所谓三峡，此其一也。山松言：常闻峡中水疾，书记及口传悉以临惧相戒，曾无称有山水之美也。及余来践跻此境，既至欣然，始信耳闻之不如亲见矣。其叠嶂秀峰，奇构异形，固难以辞叙。林木萧森，离离㊳蔚蔚㊴，乃在霞气㊵之表，仰嘱俯映，弥习弥佳㊶，流连信宿㊷，不觉忘返，目所履历，未尝有也。既自欣得此奇观，山水有灵，亦当惊知己于千古矣。

① 广溪峡：今瞿塘峡。　② 颓岩倚木二句：意为裸露的山岩，长势倾斜的树木，危险地交碰在一起。形容江道之狭。颓，倒塌，光秃。厥，其。殆，危险。交，碰。　③ 白盐崖：《初学记》卷八引《荆州记》：北岸有白盐峰；《寰宇记》卷一百四十八夔州下说在州城涧东；《方舆胜览》卷五十七夔州下说在城东十七里，宋夔州治奉节县（今属重庆市），位于长江北岸；今白盐山在长江南岸，或是另一山。　④ 常璩：约 291—361 年，东晋蜀郡江原（今四川崇州市）人。著有《华阳国志》等书。下引即《华阳国志·巴志》巴东郡中文。　⑤ 嘉泽：甘

霖,好雨。　⑥《蜀都赋》:晋左思(约250—305)著。《文选》载有此文。　⑦瞿塘:一般认为即滟滪滩,1959年整治江道时平毁。　⑧沿溯:沿,顺流;溯,逆水。　⑨二千石:郡守俸禄号称二千石,这里当泛称高官。　⑩飨荐:祭献。　⑪貉兽渡汶而不生矣:意思是动(植)物生长、活动受地理环境影响。《周礼·考工记》:"桔逾淮而北为枳,鸜鹆不逾济,貉逾汶即死,此地气然也。"《淮南子·原道训》也有类似内容。汶,指今山东大汶河。　⑫巫县:秦置,隋改为巫山县,即今重庆市巫山县,今新城在旧城西。　⑬建平郡:三国吴永安三年(260)分宜都郡置,治巫县,隋废。　⑭巫溪水:今大宁河。　⑮宣汉县:东汉置,隋改为通川。故址即今四川达州市。　⑯泰昌县:晋分巫县置,北周改名大昌,曾多次废而复置,清省入巫山县。故址在今巫山县北大昌镇。　⑰北井县:晋置,北周省。故址约在今巫山县北双龙一带。　⑱所资:财赋所依。　⑲孔子泉:在今巫山县东。　⑳高泉:清泉,美水。《山海经·中山经》:"高前(泉)之山,其上有水焉,甚寒而清,帝台之浆也,饮之者不心疼。"　㉑杜宇:传说中的蜀王,一名望帝。任乃强说:杜宇,鸟名,一曰布谷,为农候之鸟,此王教民务农,故有此称。执政时期,大约在春秋或西周末(《华阳国志校补图注》)。 ㉒ 郭仲产:？—454年。曾任南朝宋南郡王从事,著有《荆州记》。 ㉓ 新崩滩:在今重庆市巫山县东,一说在今湖北秭归县(茅坪镇)西兵书宝剑峡东口。这里是滑坡多发地区,1985 年新滩滑坡,江面堵塞三分之一,涌浪高达 54 米。 ㉔ 汉和帝永元十二年:100年。《后汉书·和帝纪》:闰四月,"秭归山崩"。 ㉕ 晋太元二年:377 年。《晋书》《宋书》均不载此年山崩事。 ㉖ 箪:圆形竹器。 ㉗ 笥:方形竹器。 ㉘ 竦桀:高峻突兀。竦,竦立。桀,举起。 ㉙ 乃当抗峰岷、峨二句:意为比岷山、峨眉山还要高,和衡山、九疑山相抗衡。 ㉚ 其翼附群山四句:意思是大巫山周围的群山,要到云霄才能分别它们的高下。霄汉,霄,云霄;汉,天河。引申为高空。 ㉛ 其衣有血者执之:《山海经·海内南经》郭璞注,不直者则血见于衣。 ㉜ 丹阳:西周、春秋初楚国都城,在今秭归(茅坪镇)西北旧秭归县城东南,江北岸。 ㉝ 号朝云焉:高唐之姬故事,见《文选》卷十九宋玉《高唐赋》及李善注引《襄阳耆旧传》。 ㉞ 停午夜分:正午半夜。 ㉟ 曦:阳光。 ㊱ 夏水襄陵:夏天水涨,漫上高地。襄,上。 ㊲ 乘奔御风:骑着奔腾的马,驾着飞驰的风。 ㊳ 巘:孤立的山峰。 ㊴ 清荣峻茂:

意为江水澄清、树木繁荣、山势高峻、青草茂盛。　⑩良：实在。　⑪肃：肃杀，静寂。　⑫属引：接连不断。　⑬凄异：凄凉异常。　⑭空泠峡：在秭归县牛肝马肺峡东，今或写作空舲峡。　⑮宜都：三国蜀置，治夷道，西晋治夷陵，东晋复治夷道，隋废。　⑯攘袂：卷起袖口，意为捋袖相争。攘，捋。袂，衣袖。　⑰督邮：唐以前郡的属吏。　⑱白勃：白色水涡。　⑲宜昌县：东晋置，隋废。故址在今湖北宜昌西，长江南岸。　⑳夷道：西汉置县，唐省入宜都。故址在今湖北宜都西北。　㉑佷山：西汉置县，隋改置长杨。故址在今湖北长阳土家族自治县西州衙坪。　㉒夷陵：西汉置，三国吴改名西陵，晋复名夷陵。故址在今湖北宜昌市东。南朝后屡有徙移，明省入夷陵州。　㉓《宜都记》：一作《宜都山川记》，今散佚。　㉔嶔崟：形容山高。《文选》卷十五张衡《思玄赋》"历阪之嶔崟"，张铣注：嶔崟，高貌。　㉕黄牛山：今宜昌西黄陵庙一带。　㉖西陵峡：此指今西陵峡峡谷东段。　㉗泠泠：形容猿声。《文选》卷十七陆机《文赋》："音泠泠而盈耳。"吕向注：音韵清也。　㉘离离：繁茂。　㉙蔚蔚：即郁郁，草木茂盛的样子。　㉚霞气：云气。　㉛弥习弥佳：越看越好，意为景色愈欣赏愈觉得美。习，熟

261

悉。　❷信宿：连宿。

　　《水经注》记述三峡的这段文字，脍炙人口，历来为人们所传诵。它文字清新，用词优美，笔墨流畅，叙述生动，描绘两岸高接云天的群山，一座高过一座；不是正午半夜，江面上看不到太阳、月亮；山石形状各不相同，颜色互异，都有一定的象征；山间飞瀑流泉，淙淙有声；山上的树木，夏季繁荣叶茂，冬季静寂肃杀；江水夏秋急流迅疾，遇到险滩，激起一阵阵漩涡，到了冬天，又变成细流深潭，平静得可以看见倒影；南岸不绝的猿声，清亮凄惨，听了使人心寒；再将有关景物、神话、典故、民谣穿插其间，将三峡的四季奇异景色，描写得淋漓尽致，充满生机，如诗如画，读了使人神往。

　　《水经注》将三峡景色描绘得如此真切，只有亲履其地，直接体验，才能有这样的传神之笔。其中描写巫峡的从"自三峡七百里中"到"猿鸣三声泪沾裳"和西陵峡的"《宜都记》曰"至"亦当惊知己于千古矣"两段，堪称经典，为后人所重视。前者引用盛弘之的《荆州记》，后者摘自袁山松《宜都记》，郦道元将两者点缀成文，成此佳作。所以他虽生长北方，据考足迹最南到过淮河沿岸，当时南北分裂，也不容他亲跻长江三峡，而却能把它编写得天衣无缝，有声有色。

魏晋南北朝时期，文人学士兴起了一股欣赏自然的风气，出现了一批记载山水风景的著作，《宜都记》、盛弘之《荆州记》（《荆州记》有多种）就是其中的一部分。袁山松（？—401），一作袁崧，祖籍陈郡阳夏（今河南太康）人，曾任东晋宜都太守、吴国内史，爱好音乐，还著有《后汉书》等。宜都郡治夷道（今湖北宜都市），辖境西至佷山（今湖北长阳西），地近三峡，他自己也说"目所履历"，是亲自游历过三峡的。东晋隆安五年（401），袁山松在吴国（治今江苏苏州市）内史任内，与海上来犯的孙恩作战，死于沪渎垒（今上海市青浦区旧青浦西）。今青浦白鹤镇崧泽，原称崧宅，据宋代《绍熙云间志》记载，相传因袁山松（崧）居此得名；原来上海还有筑耶将军祠，据说也是祭祀袁山松的，现在祠已荡然无存，但祠前的一株银杏树，仍矗立在闵行经济技术开发区北沙港西侧,也是对这位曾在上海留下过痕迹并著有不朽名篇的史学家和文学家的纪念吧。盛弘之,《宋书》无传,生平事迹不详,只知道他曾任南朝宋临川王侍郎,临川王刘义庆于元嘉九年(432)至十六年(439)任荆州刺史,三峡正在荆州辖区之内,他亲历三峡也应该在这一时期。从《注》中可以看到我国文学的前后继承关系,如《宜都记》形容西陵峡"非日中夜半,不见日月",而稍后的《荆州记》描写巫峡为"自非停午夜分,不见曦月",意思完全一样,但文字更为雕琢;其他这两段

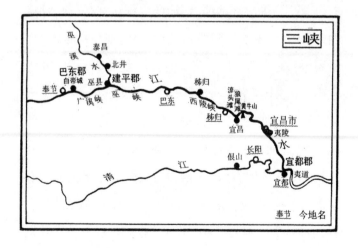

对山水的描绘也有近似之处,除了景色相像外,后者显然受了前者的启发。唐代李白《早发白帝城》:"朝辞白帝彩云间,千里江陵一日还。两岸猿声啼不住,轻舟已过万重山。"更为人们所熟悉,用的也是《荆州记》的文意而加以提炼。所以,《水经注》描写三峡的这段文字,千古传诵,是袁山松、盛弘之、郦道元等人的共同结晶,也反映了魏晋南北朝时期山水文学的成就。

十八、林邑

本文选自卷三十六《温水注》。

汉朝在今越南南部设置日南郡，东汉时林邑兴起于此，《水经注》详细记载了 6 世纪以前中原王朝在这里设置的政区沿革及林邑历史。本段系在温水下，下游称为郁水。温水就是现在云南、贵州、广西境的南盘江、红水河，郁水下游即今广东境的西江。《注》说郁水南径广州南海郡西，广州南海郡治所在今广东广州市，又说（郁水）南径四会浦，四会浦以下据考在今越南中部，《注》把广州以南的南海当作郁水，原因可能南海是广州到越南中部沿海的海上航线所经；同时广州附近也有四会，《汉书·地理志》郁水"东至四会入海"，《浪水注》:"其一水南入者,郁川分派,径四会入海也,其一即川东别径番禺(今广州市)城下。"于是将两个四会混淆起来,水系上似乎犯了越山跨海的错误。但《水经注》大都是综合各家著述而成,这仅是材料的剪辑不当,许多记载还是有根据的。

（郁水）①又南径四会浦②,水上承日南郡③卢容县④西古郎究⑤。浦内漕口⑥,马援⑦所漕。水东南屈曲通郎湖⑧,湖水承金山郎究⑨。究水北流左会卢容、寿泠⑩二水。卢容水⑪出西南区粟城⑫南高山。山南长岭,连接天障⑬。岭西卢容水凑⑭,隐山绕西⑮,卫北而东⑯,径区粟城北,又东右与寿泠水合。水出寿泠县⑰界,魏正始九年⑱,林邑⑲进侵寿泠县以为疆界,即此县也。区粟城南长岭东,寿泠县以水凑,故水得其名。隐山绕东,径区粟故城南,考古志并无区粟之名。应劭《地理风俗记》曰:日南故秦象郡[20]，汉武帝元鼎六年开，日南郡治西卷县[21]。《林邑记》[22]曰：城去林邑步道四百余里；《交州外域记》[23]曰：从日南郡南去，到林邑国四百余里；准径相符，然则城故西卷县也。《地理志》曰：水入海，有竹可为杖[24]，王莽更之曰日南亭。《林邑记》曰：其城治二水之间，三方际山，南北瞰水，东西涧浦，流凑城下。城西折十角[25]，周围六里一百七十步，东西度六百五十步，砖城二丈，上起砖墙一丈，开方隙孔。砖上倚板，板上五重层阁，阁上架屋，屋上架楼，楼高者七八丈，下者五六丈。城开十三门，凡殿南向，屋宇二千一百余间。市居周绕，岨峭[26]地险。故林邑兵器战具，悉在区粟。多城垒，自林邑王范胡达[27]始。秦余徙民，染同夷化，日南旧风，变易俱尽[28]。巢栖树宿，负郭接山，榛棘[29]蒲薄[30]，腾林[31]拂云，幽烟冥缅[32]，非生人所安。区粟建八尺表，日影度南八寸[33]，自此影以南,在日之南,故以名郡。望北辰星,落在天际[34];日在北,故开北户以向日[35],此其大较也。范泰《古今善言》[36]曰:日南张重[37],举计[38]入洛[39],正旦大会。明帝问:日南郡北向视日邪?重曰:今郡有云中、金城[40]者,不必皆有其实,日亦俱出于东耳。至于风气暄暖[41],日影仰当[42],官民居止,随情面向,东西南北,回背无定。人性凶悍,果于战斗,便山习水,不闲平地。古人云:五岭[43]者,天地以隔内外,况绵途[44]于海表[45],顾九岭[46]而弥邈[47],非复行路之径岨[48],信幽荒[49]之冥域[50]者矣。寿泠水自城南,东与卢容水合,东注郎究,究水所积,下潭为湖,谓之狼湖。浦口有秦时象郡,墟域犹存。自湖南望,外通寿泠,从郎湖入四会浦。元嘉二十年[51],以林邑顽凶,历代难化,恃远负众,慢威[52]背德[53],北宝既臻,南金阙贡[54],乃命偏将与龙骧将军交州[55]刺史檀和之[56],陈兵日南,修文服远⑤。二十三年,扬旌从四会浦口,入狼湖,军次区粟,进逼围城。以飞梯云桥,悬楼登垒,钲鼓大作,虎士电怒,风烈火扬,城摧众陷,斩区粟王范扶龙⑧首,十五以上,坑截无赦,楼阁雨血,填尸成观⑨。

① 郁水:就是今广西、广东的浔江、西江。 ② 四会浦:今越南广治省广治北格越口(越安海口)。 ③ 日南郡:汉朝设在最南面的一个郡,元鼎六年(前111)置,《汉书·地理志》记载的首县是朱吾(今越南广平省广宁附近),本注下文引应劭说,郡治西卷县(今广治附近的寒江和葡田河合流处附近)。《汉书·地理志》一百零三个郡国,有十二个郡国的治所不是记载的首县,日南郡为其中之一。东晋时迁治比景(今广平省广泽附近的高牢下村古占城遗址),南朝宋初地入林邑。 ④ 卢容县:西汉置,三国吴时属林邑,西晋复置,东晋永和三年(347)又入林邑。本《注》引康泰《扶南记》“从林邑至日南卢容浦口可二百里”,林邑指林邑国都,也就是汉朝的象林县,故址在今越南广南省维川附近茶荞遗址,学术界意见

比较一致,所以卢容县在茶峤北二百多里,约在今承天-顺化省的顺化附近。　⑤古郎究:河流名。约在今顺化一带。⑥漕口:运口。漕,水运。　⑦马援:《后汉书·马援传》记东汉建武十八年(42)进军交趾,似只到达九真郡。　⑧郎湖:一作狼湖。约在今广治北一带。　⑨金山郎究:约在今广治南一带。　⑩寿泠水:今广治附近寒江(广治河)。⑪卢容水:今广治附近葡田河(甘露河)。　⑫区粟城:即林邑在汉西卷县故地所筑的城名。　⑬天障:形容山岭之高,犹如屏障。　⑭凑:聚、汇合。　⑮隐山绕西:意为河流在山西的谷地里绕行。　⑯卫北而东:转向山的北面东流。⑰寿泠县:三国吴分西卷县置,后废,西晋太康十年(289)复置,南朝宋初地入林邑。故址在今寒江东岸。　⑱魏正始九年:即吴赤乌十一年(248),当时寿泠县属吴国境。　⑲林邑:在今越南中部、南部。是公元2世纪末占婆人建立的国家,唐代以前中国称占婆国为林邑国。　⑳日南故秦象郡:秦始皇三十三年(前214)略定扬越,置桂林、南海、象郡。秦亡以后,赵佗创建南越国,三郡地入南越。汉武帝元鼎六年(前111)灭南越,先后置日南等九郡。日南郡即象郡,说法不一。　㉑西卷县:西汉置,东晋时地入林邑。卷,《汉书·地理志》、《南齐书·州郡志》作捲，《续汉书·郡国志》、《晋书·地理志》等作卷，《注》作捲，今改。　㉒《林邑记》：作者不详，东晋著作；《隋书经籍志考证》又晋嵇含《南方草木状》引东方朔《林邑记》，似《林邑记》不止一家。　㉓《交州外域记》：《隋书·经籍志》有《交州以南外国传》，作者不详。

㉔ 有竹可为杖：就是指现在的红树林，又称常绿灌木群落，是热带植物的标志，树种较多，适应于盐土和沼泽环境，生长在淤泥海滩上，主要分布在热带并延伸到亚热带，我国福建、广东、广西沿海也有分布。红树林在涨潮时没在水中，树干表皮较为光滑，略呈弯曲，有些单根枝干形如手杖，古代可能利用其特点作拐杖用。　㉕ 十角：熊会贞说，十字当是一字之误。

㉖ 岨峭：高峻险要。　㉗ 范胡达：约 399—413 年在位。

㉘ 秦余徙民四句：意思是秦代遗留下来的移民，被当地原住民（占人）同化，日南郡带来的中原文化，已荡然无存。

㉙ 榛棘：荆棘。　㉚ 蒲薄：广大貌。　㉛ 腾林：树林一层高过一层。腾，凌驾、超过、高举。热带雨林的特点多层次结构，一般底层是耐阴性植物，上层是向阳性植物，不同性质的树木好像一层一层向上攀高。　㉜ 幽烟冥缅：形容树木茂密，幽深阴暗，湿气上蒸，好像烟雾一样。幽烟，深邃的雾霭。

冥缅,幽远貌。 ㉝区粟建八尺表二句:表即圭表,是我国最古老的天文仪器。由两部分组成,直立的标杆,称为表,南北方向平放的尺,称为圭,表和圭相互垂直,表的长度通常为八尺。树八尺表,夏至日的影长度在表南八寸,约在北纬 17° 稍北,和古代区粟城的位置大致相当。 ㉞望北辰星二句:北辰星即北极星,是天北极附近明亮的恒星,在北半球可为观察者指示北方的大致方位。天际,天的边缘。因为地呈弧形,纬度愈高,北极星看起来就愈低。 ㉟日在北二句:在北半球,太阳直射点有半年时间在赤道至北回归线间移动,到夏至日(6 月 21 日),太阳直射点位于北纬 23°26′的北回归线。开北户以向日,即北向户,泛指北回归线以南地区。 ㊱《古今善言》:南朝宋车骑将军范泰(355—429)撰。 ㊲张重:字仲笃。东汉明帝(58—75)时日南郡的官吏。 ㊳举计:即上计。汉代规定,郡太守在年底前,要派属吏向中央政府书面报告截止九月这一年度内本地区发生的大事,称为上计。 ㊴洛:即洛阳,东汉的首都。 ㊵云中、金城:《太平御览》卷四天部引《后汉书》作臣闻雁门不见叠雁为门,金城郡不见积金为郡。意思是地名不一定都是名副其实的。东汉雁门郡治阴馆(今山西朔州市东南)、金城郡治允吾(今甘肃永靖一带),《注》改雁门为云中,云中郡治云中(今内蒙古托克托东北古城村)。 ㊶ 暄暖:温暖、暖和。 ㊷ 仰当:意为高度、高下。 ㊸ 五岭:南岭山脉五座山岭的总称。五岭的名称,各书记载不一,据《水经注》等记载为大庾(今江西大余与广东南雄市交界处的大余岭)、骑田(今湖南郴州市与宜章间的骑田岭)、都庞(今湖南蓝山南)、萌渚(今湖南江华瑶族自治县与广西贺州市间的萌渚岭)、越城(今广西兴安北越城岭);《史记·秦始皇本纪》张守节正义引《广州记》除大庾相同外,为桂阳、临贺、始安、揭阳,据考桂阳就是骑田,临贺就是萌渚,始安就是越城,揭阳一说即都庞;《太平御览》卷五十四地部引《南康记》都庞岭在江华郡、《通典》在道州(江华郡)永明县(今湖南江永),已同今江永与广西灌阳间的都庞岭。 ㊹ 绵途:路途绵长,遥远。 ㊺ 海表:海外。 ㊻ 九岭:意为山岭重重。九,不是实数。 ㊼ 弥邈:辽远。 ㊽ 径岨:意为行路艰难。径,小路。岨,石山。 ㊾ 幽荒:荒远之地。㊿ 冥域:荒凉遥远的地区。 (51) 元嘉二十年:443 年。(52) 慢威:意为不尊重朝廷的权威。 (53) 背德:意为背弃朝廷的恩德。 (54) 北宝既臻二句:北方的宝物已经送到,而南方不来进贡黄金。意为林邑不及刘宋北方的边疆政权恭顺。林邑产金，故云。《宋书·林邑传》所贡陋薄。　⑤交州：东汉置，治广信（今广西梧州市），后移番禺（今广东广州市），三国吴分为交、广二州，交州治龙编（今越南北宁省仙山一带），隋移治宋平（今越南河内市），五代废。　㊴檀和之：？—456年，高平金乡（今属山东）人。曾任南朝宋彭城太守、南兖州刺史等职。　㊲修文服远：以文教、礼乐来使远方顺服。㊳区粟王范扶龙：当时林邑王为阳迈，《宋书·林邑传》作阳迈大帅范扶龙大。　㊴观：京观。古代战争中打扫战场，胜者为了炫耀武功，收集敌人尸首，封土而成的高冢。

　　自四会南入，得卢容浦口。晋太康三年①，省日南郡属国都尉，以其所统卢容县置日南郡及象林县之故治②。《晋书地道记》曰：郡去卢容浦口二百里，故秦象郡象林县治③也。永和五年④，征西桓温⑤遣督护滕畯，率交、广⑥兵伐范文⑦于旧日南之卢容县，为文所败，即是处也，退次九真⑧，更治兵，文被创死，子佛⑨代立。七年，畯与交州刺史杨平，复进军寿泠浦，入顿郎湖,讨佛于日南故治。佛蚁聚⑩连垒五十余里,畯、平破之。佛逃窜川薮,遣大帅面缚请罪军门⑪。遣武士陈延劳⑫佛,与盟而还。康泰《扶南记》⑬曰:从林邑至日南卢容浦口,可二百余里;从口南发,往扶南⑭诸国,常从此口出也。故《林邑记》:尽纮沧⑮之微远,极流服⑯之无外,地滨沧海,众国津径⑰。郁水南通寿泠,即一浦也。

浦上承交趾郡⑱南都官塞浦⑲。《林邑记》曰:浦通铜鼓,外越安定⑳黄冈心口,盖借度㉑铜鼓㉒即越骆也,有铜鼓,因得其名,马援取其鼓以铸铜马。

至凿口㉓,马援所凿,内通九真、浦阳㉔,《晋书地道记》九德郡㉕有浦阳县;《交州记》曰:凿南塘者,九真路之所经也,去州五百里,建武十九年,马援所开。《林邑记》曰:外越纪粟、望都,纪粟出浦阳,渡便州至典由,渡故县㉖

至咸驩[22]。咸驩属九真，咸驩已南，獐麂满冈，鸣咆命畴，惊啸聒野[28]；孔雀飞翔，蔽日笼山。渡治口至九德。按《晋书地道记》有九德县[29]，《交州外域记》曰：九德县属九真郡，在郡之南，与日南接。蛮卢辇居其地，死，子宝纲代，孙党服从吴化，定为九德郡，又为隶之。《林邑记》曰：九德，九夷[30]所极，故以名郡。郡名所置，周越裳[31]氏之夷国。《周礼》九夷，远极越裳，白雉象牙，重九译[32]而来。自九德通类口，水[33]源从西北远荒，径宁州[34]界来也。九德浦[35]内径越裳究[36]、九德究[37]、南陵究[38]。按《晋书地道记》九德郡有南陵县[39]，晋置也。竺芝《扶南记》[40]山溪濑[41]中谓之究[42]。《地理志》曰：郡[43]有小水五十二，并行大川，皆究之谓也。

《林邑记》曰：义熙九年[44]，交趾太守杜慧期[45]造[46]九真水[47]口，与林邑王范胡达战，擒斩胡达二子，虏获百余人，胡达遁。五月，慧期自九真水历都粟浦[48]，复袭九真。长围跨山，重栅断浦，驱象前锋，接刃城下，连日交战，杀伤乃退。《地理志》曰：九真郡，汉武帝元鼎六年[49]开，治胥浦县，王莽更之曰驩成也。《晋书地道记》曰：九真郡有松原县[50]。《林邑记》曰：松原以西，鸟兽驯良，不知畏弓，寡妇孤居，散发至老。南移之岭，崒不逾仞[51]，仓庚怀春于其北，翡翠熙景于其南[52]，虽嘤欢接响[53]，城隔殊非，独步难游，俗姓涂分故也[54]。

自南陵究出于南界蛮，进得横山[55]。永和三年，范文侵交州，于横山分界。度比景庙[56]，由门浦至古战湾[57]。吴赤乌十一年、魏正始九年，交州与林邑于湾大战，初失区粟也。

渡卢容县，日南郡之属县也。自卢容县至无变[58]，越烽火，至比景县[59]。日中头上，影当身下[60]，与影为比。如淳曰：故以比影名县。阚骃曰：比读荫庇之庇，影在己下，言为身所庇也。《林邑记》曰：渡比景至朱吾[61]，朱吾县浦[62]今之封界。朱吾以南，有文狼人[63]，野居无室宅，依树止宿，鱼食生肉，采香为业，与人交市，若上皇之民矣。县南有文狼究，下流径通[64]。《晋书地道记》曰：朱吾县属日南郡，去郡二百里。此县民汉时不堪二千石长吏调求，引屈都乾[65]为国。《林邑记》曰：屈都，夷也。

① 太康三年：282 年。　② 以其所统卢容县置日南郡及象林县之故治：日南郡原治西卷县，三国吴赤乌十一年（248）被林邑攻陷，不久收复。象林县，西汉置，一说秦置，东汉永和后建林邑国，为林邑国都所在，故址在今维川南茶荞遗址。"故治"两字，或以为衍，但《注》惯例以当时见在的县写作"故城"，似类同。　③ 郡去卢容浦口二百里二句：郡指日南郡，晋太康三年日南郡、象林县移置于卢容县，据上文卢容县与卢容浦不在一个地方，卢容浦在西卷县附近，是晋以前的日南郡治所在。象林县是林邑的兴起之地，即典冲城，在日南郡治之南。晋时因为日南郡、象林县都在卢容县，所以说"故秦象郡

象林县",从县的沿革上说没有什么大错,但晋以前的象林县和晋代的象林县不是同地,所以说故"象林县治"是不对的。或文有讹脱。又如《晋书地道记》记载不误,那么秦代已有象林县。 ④ 永和五年:349 年。 ⑤ 桓温:312—373 年,字元子,东晋谯国龙亢(今安徽怀远西北)人。明帝婿。曾率军灭成汉,北伐前秦,深入关中、洛阳、枋头(今河南浚县西南),后官至大司马,掌握朝政。 ⑥ 广:指广州。三国吴分交州置,治番禺(今广州市),辖境历史上变迁较大,名称则长期不变,元改为路,明改为府,1912 年废府,1925 年设广州市。 ⑦ 范文:331—349 年在位。 ⑧ 九真:南越赵佗置郡,汉元鼎六年(前 111)入汉,治胥浦(今越南清化省东山北),约东晋时移治移风(今清化省清化西北),隋废。 ⑨ 佛:指范佛,349—380 年在位。 ⑩ 蚁聚:蚁群聚集,形容军队集结之多。 ⑪ 军门:军队的营门。 ⑫ 劳:慰劳。 ⑬ 康泰《扶南记》:康泰,三国吴孙权时为中郎,曾与宣化从事朱应出使南海诸国,亲自经历或得自传闻的百数十国,"因立记传"。又有康泰《吴时外国传》、《扶南土俗》,近人王庸认为与《扶南记》实一书(《中国地理学史》)。 ⑭ 扶南:中南半岛古国名。约存在于公元 1 世纪到 7 世纪,范围以今柬埔寨为中心,

包括越南南部、老挝南部、泰国东南部一带。 ⑮ 纮沧：宏大
的旷远之地。 ⑯ 流服：王畿以外的边远地区。 ⑰ 众国
津径：各国往来的要津。 ⑱ 交趾郡：南越赵佗置，汉治嬴
陵(今越南河内市西北，一说北宁省顺成附近)，东汉移治龙编
(今越南北宁省南)，隋治宋平(今越南河内市)，后废。
⑲ 都官塞浦：约在今越南南定省南定南带江口一带。
⑳ 安定：西汉置县，南朝齐废。故址在今越南兴安省兴安一
带。 ㉑ 借度：意为据以度量。 ㉒ 铜鼓：古代岭南越族人
民的文化标志。 《隋书·地理志》：铸铜为大鼓，有鼓者号
为"都老"，群情推服。 ㉓ 凿口：在今越南清化省峨山东北
神符(扶)附近。 ㉔ 浦阳：西晋置县，唐中叶废。故址在今
越南义安省荣市东南。一说浦阳应为胥浦。胥浦在今清化省
东山北。 ㉕ 九德郡：三国吴末置，治九德县(今荣市)，隋
改为日南郡。 ㉖ 外越纪粟、望都四句：纪粟、望都、便州、典
由、故县，今地不详，当约在今清化省峨山以南、义安省演州以
北一带。 ㉗ 咸𬴂：汉置县，唐改名怀𬴂。故址在今义安省
演州西。 ㉘ 鸣咆命畴二句：獐、麂在田野里鸣叫咆哮，惊吼
喧扰。 ㉙ 九德县：三国吴末置，为九德郡治所，唐为𬴂州治
所，五代废。故址在今义安省荣市。据本《注》引《交州外域

记》是当地原住民首领卢党归化后置。　⑳九夷：泛指少数民族。　㉛越裳：南方古国（族）名。《后汉书·马融传》李贤注引《尚书大传》周成王时，越裳氏重译而贡白雉。《晋书·地理志》九德郡，周时越常氏地。裳，同常。　㉜重九译：即重译，辗转翻译。　㉝水：即𣲅水。今越南、老挝境的马江。　㉞宁州：晋泰始七年（271）分益州置，治味县（今云南曲靖市），南朝梁废。　㉟九德浦：今越南义安省、河静省间蓝江口。　㊱越裳究：今河静省河静北岸河。　㊲九德究：今老挝、越南境蓝江。　㊳南陵究：今河静东绕丐河。　㊴南陵县：西晋置县，约废于隋。故址约在今河静省河静南一带。南陵县应与南陵究有关，下文提到"南陵究出于南界蛮，进得横山"，可见南陵究和横山相近，横山见下注。　㊵竺芝《扶南记》：《太平御览》引书目有著录。竺芝，一作竺枝，南朝宋人。　㊶濑：沙石上流过的急水。　㊷究：竺芝《扶南记》及本《注》以为究是山溪急流、小水，究、溪音近，疑"究"即来源于汉语"溪"，因辗转翻译所致，如《后汉书·马援传》禁溪，《水经·叶榆河注》作金溪究，通名叠加是水体地名常有的现象。　㊸郡：指九真郡。　㊹义熙九年：413年。　㊺杜慧期：东晋交趾朱鸢（今越南河内市东南）人，祖籍京兆

(今陕西西安市)。义熙时,兄杜慧度(374—423)任交州刺史,杜慧期为交趾太守。 ㊻ 造:往,到。 ㊼ 九真水:约在今承天-顺化省顺化附近。 ㊽ 都粟浦:约在今顺化附近。㊾ 元鼎六年:前111年。 ㊿ 松原县:西晋置,约废于陈、隋间。故址在今清化省农贡、如春一带。 (51) 南移之岭二句:意为南方的山岭虽然广大,但并不高峻。移,作广大解。崒,高峻。仞,古代长度单位,据考汉代为七尺,东汉为五尺六寸。(52) 仓庚怀春于其北二句:黄莺在北面求偶,翠鸟在南面弄影。仓庚,黄莺。翡翠,翠鸟。熙景弄影,鸟不断跳跃使影子随着移动。 (53) 嘤欢接响:鸟鸣的喧哗声相闻。 (54) 城隔殊非三句:意为地域隔绝很不一样,很难独自去那里,因为习俗和民族不同的缘故。 (55) 横山:今越南河静省与广平省交界处。 (56) 比景庙:故址不详,当在横山附近。 (57) 古战湾:越南历史上有古战县,故址在今清化省清化南靖嘉。一说在横山附近。 (58) 无变:当在今广平省广泽至广治省广治间,确址不详。一说应作无劳,无劳见后注。 (59) 比景县:汉置县,南朝宋元嘉后地入林邑。故址在今广泽附近的灵江(争河)口一带。 (60) 日中头上二句:太阳照在头上,影子在身下。 (61) 朱吾:县名。汉置,南朝宋元嘉后地入林邑。故址在今广平省广宁附近的日丽河南一带。下文引《晋书地道记》说朱吾县去日南郡二百里,晋代的日南郡治所在西卷县(今寒江和葡田河合流处)北二百里相当今广宁附近,广宁西南、日丽河南岸的春欲地方曾发现古代铜制兵器。 ⑥ 朱吾县浦:今广宁附近的日丽河。 ⑥ 文狼人:古代分布在今越南南部的民族。 ⑥ 县南有文狼究二句:县,指朱吾县。文狼究,当在日丽河南,今建江、金江、克锦里河等都与日丽河相通。⑥ 屈都乾:中南半岛或马来群岛古国名。《太平御览》卷七百九十地部引《外国传》从波辽国南去,乘船可三千里到屈都乾国,土地有人民可二千余家,皆曰朱吾县民叛居其中。

朱吾浦内通无劳湖①,无劳究水通寿泠浦。元嘉元年②,交州刺史阮弥之征林邑,杨迈③出婚不在。奋威将军阮谦之领七千人,先袭区粟,以过四会,未入寿泠,三日三夜,无顿止处,凝海直岸④,遇风大败。杨迈携婚都部伍三百许船,来相救援。谦之遭风,余数船舰,夜于寿泠浦里相遇,暗⑤中大战,谦之手射杨迈柂工,船败纵横。昆仑⑥单舸⑦，接得杨迈。谦之以风溺之余，制胜理难，自此还渡寿泠，至温公浦⑧。升平三年⑨，温放之⑩征范佛于湾分界阴阳坼，入新罗湾，至焉下，一名阿贲浦，入彭龙湾⑪，隐避风波，即林邑之海渚。元嘉二十三年，交州刺史檀和之破区粟已，飞旆盖海⑫，将指典冲，于彭龙湾上鬼塔⑬，与林邑大战。还渡典冲⑭，林邑入浦，令军不进，持重故也。

浦西即林邑都也，治典冲，去海岸四十里。处荒流⑮之徼表⑯，国越裳之疆南，秦、汉象郡之象林县⑰也。东滨沧海，西际徐狼⑱，南接扶南，北连九德，后去象林，复林邑之号。建国起自汉末，初平⑲之乱，人怀异心，象林功曹⑳姓区，有子名连㉑，攻其县，杀令，自号为王。值世乱离，林邑遂立，后乃袭代，传位子孙。三国鼎争，未有所附。吴有交土㉒，与之邻接，进侵寿泠，以为疆界。自区连以后，国无文史，失其纂代,世数难详,宗胤㉓灭绝,无复种裔。外孙范熊㉔代立,人情乐推。后熊死,子逸㉕立。

有范文,日南西卷县夷帅范稚奴也。文为奴时,山涧牧羊,于涧水中,得两鳢鱼,隐藏挟归,规㉖欲私食,郎㉗知检求,文大惭惧,起托云:将砺石㉘还,非为鱼也。郎知鱼所,见是两石,信之而去,文始异之。石有铁,文入山中,就石冶铁,锻作两刀。举刀向鄣,因祝曰:鳢鱼变化,冶石成刀,斫石鄣㉙破者,是有神灵,文当治此,为国君王;斫不入者,是刀无神灵。进斫石鄣,如龙渊㉚、干将㉛之斩芦藳㉜,由是人情渐附。今斫石尚在,鱼刀犹存,传国子孙,如斩蛇之剑㉝也。稚尝使文远行商贾,北到上国㉞,多所闻见,以晋愍帝建兴㉟中,南至林邑,教王范逸,制造城池,缮治戎甲,经始廓略㊱。王爱信之,使为将帅,能得众心。文谗王诸子,或徙或奔,王乃独立㊲,成帝咸和六年死㊳,无胤嗣。

文迎王子于外国,海行取水,置毒椰子中,饮而杀之,遂胁国人,自立为王。取前王妻妾,置高楼上,有从己者,取而纳之,不从己者,绝其饮食而死。《江东旧事》云:范文,本扬州[39]人,少被掠为奴,卖堕[40]交州。年十五、六,遇罪当得杖,畏怖因逃,随林邑贾人渡海远去,没入于王,大被幸爱。经十余年,王死,文害王二子,诈杀侯将,自立为王,威加诸国。或夷椎[41]蛮语,口食鼻饮,或雕面镂身[42],狼胅[43]裸种,汉魏流赭[44],咸为其用。建元二年[45],攻日南、九德、九真,百姓奔迸[46],千里无烟,乃还林邑。

① 无劳湖:今日丽河南丽水北一带为沼泽地带,《同庆御览地舆志图》(1885—1888)画为"涸海",古代应是一个湖泊。晋代曾析比景县置无劳县(《宋书·州郡志》),无劳县应在今日丽河北的布泽一带,两者相距不远。一说无劳湖在三江海湾(今承天–顺化省广田东的西浅湾)。 ② 元嘉元年:熊会贞说,元当九之误。《宋书·林邑传》元嘉八年(431)交州刺

史阮弥之遣队主相道生三千人讨阳迈,攻区粟城不克,引还。
③ 杨迈:一作阳迈。420—？年在位。 ④ 凝海直岸:意为
受阻于顺直的海岸。今越南中部多沙质海岸,岸线平直,除港
口外,无避风浪之所。 ⑤ 暗:原作"闇"。 ⑥ 昆仑:古代
泛指今中南半岛及马来群岛的民族和国家。慧琳《一切经音
义》卷六十一,入水六十尺的海舟,称为昆仑舶。 ⑦ 舸:船。
⑧ 温公浦:故地不详。 ⑨ 升平三年:359 年。 ⑩ 温放
之:东晋著名将领温峤子。 ⑪ 湾分界阴阳圻五句:阴阳
圻、新罗湾、阿贲浦、彭龙湾,上述湾浦相连,只有今顺化以东
的西浅湾、东浅湾、球二湾可以相当。 ⑫ 飞旂盖海:飘扬的
旗盖满海面。旌旗飘扬,盖满海面,形容船舰之多。旂,旗。
⑬ 鬼塔:当是顺化东南思贤港口附近翠云山上的占塔(《同
庆御览地舆志图》翠云至思贤七里)。 ⑭ 典冲:林邑早期
都城,故址在今越南广南省维川南茶荞遗址。 ⑮ 荒流:边
远地区。《礼记·王制》千里之外,曰采、曰流。 ⑯ 微表:
边外。微,边界。 ⑰ 象林县:西汉置,东汉永和二年(137)
地入林邑,故址即茶荞遗址。晋太康三年(282)复置县,侨治
汉卢容县。 ⑱ 徐狼:古国名。在今越南广南省西部和老挝
东南部一带。 ⑲ 初平:东汉献帝年号,190—193 年。《后

汉书·南蛮传》区怜起事系于顺帝永和二年（137）。　⑳功曹：汉郡、县都设有功曹吏，是郡、县长官的僚属。　㉑连：一作怜。　㉒吴有交土：吴，指三国孙吴。交土，泛指交趾、九真、日南三郡地。当时在吴国的疆域内。　㉓宗胤：同宗族的后嗣。　㉔范熊：270—280 年在位。　㉕逸：指范逸，？—331（6）年在位。　㉖规：打算。　㉗郎：主人。　㉘砺石：磨刀石。　㉙石鄣：像屏风一样的岩石。　㉚龙渊：相传越人欧冶子善作剑，替楚王铸造了龙渊、太阿、工布三把剑，龙渊取意观其状如登高山、如临深渊得名，后泛指宝剑。　㉛干将：相传吴人干将和越人欧冶子同师，替吴王阖闾铸了干将、莫邪二把剑，后泛指宝剑。　㉜芦稿：芦苇的秆子。　㉝斩蛇之剑：相传汉高祖刘邦在沛县（今属江苏）当亭长时，送一批犯人到骊山，途中有大蛇当道，刘邦拔剑斩之。此剑后成为传国之宝，至晋惠帝时武库火烧，始亡失。　㉞上国：古代中国周围政权往往尊称中原王朝为上国，这里指的是西晋。　㉟建兴：313—316 年。　㊱廓略：开拓。　㊲王乃独立：意为王在政治上被架空。　㊳咸和六年死：咸和六年为 331 年，《晋书·林邑传》咸康二年（336）范逸死，《梁书·林邑传》作咸康三年（337）。　㊴扬州：晋扬州治所在建邺(后改为建康,今江苏南京市),隋移治江都(今江苏扬州市)。这里的扬州指今南京一带。 ④ 堕:落下,引申为流落。 ④ 夷椎:少数民族的发式。椎,椎髻。 ④ 雕面镂身:古代南方民族有纹身风俗。雕面,纹脸颊;镂身,纹躯体。据曾昭璇 20 世纪 90 年代文章,海南岛黎族纹面,40 岁以上妇女仍可见到(《海南省人类地理学和历史地理学诸问题》)。④ 狼朓:即徐狼,见上注。 ④ 汉魏流赭:古代囚犯穿赭(赤褐)色衣服,流赭就是被流放的罪犯。《三国志·吴志·薛综传》说,汉武帝开九郡,设交趾刺史,自斯以来,颇徙中国罪人杂居其间。三国时,交州为吴国境,魏国的统治势力并未达到南方,所以熊会贞云,郦氏言汉魏者,盖以魏为正统。④ 建元二年:344 年。《晋书·林邑传》作永和三年(347),范文袭日南,四年袭九真。 ④ 迸:走散,散乱。

林邑西去广州二千五百里,城西南角高山长岭,连接天鄣,岭北接涧。大源淮水①出郎郎②远界,三重长洲,隐山绕西,卫北回东;其岭南开涧,小源淮水③出松根界,上山壑流,隐山

绕南,曲街回东,合淮流以注典冲。其城西南
际山,东北瞰水,重堑流浦,周绕城下,东南堑
外,因傍薄城,东西横长,南北纵狭,北边西端,
回折曲入。城周围八里一百步④,砖城⑤二丈,
上起砖墙一丈,开方隙孔,砖上倚板,板上层
阁,阁上架屋,屋上构楼,高者六七丈,下者四
五丈。飞观⑥鸱尾⑦,迎风拂云,缘山瞰水,骞
翥⑧嵬崿⑨,但制造壮拙稽古⑩。夷俗城开四
门,东为前门,当两淮渚滨,于曲路有古碑,夷
书⑪铭赞前王胡达⑫之德。西门当两重堑,北
回上山,山西即淮流也。南门度两重堑对温公
垒。升平二年,交州刺史温放之,杀交趾太守
杜宝、别驾阮朗,遂征林邑,水陆累战,佛⑬保城
自守,重求请服,听之。今林邑东城南五里,有
温公二垒是也。北门滨淮,路断不通。城内小
城,周围三百二十步,合堂瓦殿,南壁不开,两
头长屋,脊出南北,南拟背曰西区城,内石山顺

淮面阳,开东向殿,飞檐鸱尾,青琐⑭丹墀⑮,榱
题⑯楠橡,多诸古法。阁殿上柱,高城丈余五,
牛屎为塈⑰,墙壁青光,回度⑱曲掖⑲,绮牖⑳紫
窗,椒房㉑、嫔媵无别㉒。宫观、路寝㉓、永巷㉔,
共在殿上,临踞东轩,径与下语,子弟臣侍,皆
不得上。屋有五十余丘㉕,连甍接栋㉖,檐宇相
承㉗。神祠鬼塔,小大八庙,层台重榭,状似佛
刹㉘。郭无市里,邑寡人居,海岸萧条,非生民
所处㉙,而首渠以永安,养国十世,岂久存哉?
元嘉中,檀和之征林邑,其王杨迈,举国夜奔,
窜山薮。据其城邑,收宝巨亿。军还之后,杨
迈归国,家国荒殄㉚,时人靡㉛存,踌躅崩擗㉜,
愤绝复苏㉝,即以元嘉二十三年死。初,杨迈母
怀身,梦人铺杨迈金席,与其儿落席上,金色光
起,昭晰㉞艳曜㉟。华俗谓上金为紫磨金,夷俗
谓上金为杨迈金。父胡达死,袭王位,能得人
情,自以灵梦,为国详庆。其太子初名咄㊱,杨

迈死，咄年十九，代立，慕先君之德，复改名杨迈。昭穆[37]二世，父子共名，知林邑之将亡矣。其城隍堑之外，林棘荒蔓，榛梗冥郁[38]，藤盘[39]笋[40]秀，参错际天，其中香桂成林，气清烟澄。桂父[41]，县人也。栖居此林，服桂得道。时禽异羽，翔集间关[42]。兼比翼鸟[43]，不比不飞，鸟名归飞，鸣声自呼，此恋乡之思孔[44]悲，桑梓[45]之敬成俗也。豫章俞益期[46]，性气刚直，不下曲俗[47]，容身无所，远适[48]在南，《与韩康伯[49]书》曰：惟槟榔树[50]，最南游之可观，但性不耐霜，不得北植[51]，不遇长者之目，令人恨深。尝对飞鸟恋土，增思寄意。谓此鸟其背青，其腹赤，丹心外露，鸣情未达，终日归飞，飞不十千，路余万里，何由归哉！

九真太守任延[52]，始教耕犁，俗化交土，风行象林，知耕以来，六百余年[53]，火耨耕艺[54]，法与华同。名白田[55]，种白谷[56]，七月火作[57]，十月登熟。名赤田[58]，种赤谷[59]，十二月作，四月登熟，所谓两熟之稻也。至于草甲[60]萌芽，谷月代种[61]，穜稑[62]早晚，无月不秀，耕耘功重，收获利轻，熟速故也。米不外散，恒为丰国。桑蚕年八熟茧，《三都赋》[63]所谓八蚕之绵[64]者矣。其崖小水幂麗[65]，常吐飞溜[66]，或雪霏[67]沙涨，清寒无底，分溪别壑，津济相通。其水自城东北角流，水上悬起高桥，渡淮北岸，即彭龙、区粟之通逵[68]也。檀和之东桥大战，杨迈被创落象，即是处也。

其水又东南流径船官口[69]，船官川[70]源徐狼外夷，皆裸身，男以竹筒掩体，女以树叶蔽形，外名狼脉，所谓裸国者也。虽习俗裸袒，犹耻无蔽，惟以瞑夜，与人交市暗中，嗅金便知好恶，明朝晓看，皆如其言。自此外行，得至扶南。按竺芝《扶南记》曰：扶南去林邑四千里，水步道通。檀和之令军入邑浦，据船官口城六里者也。自船官下注大浦之东湖㉑，大水连行，潮上西流。潮水日夜长七八尺㉒。从此以西，朔望并潮㉓，一上七日，水长丈六七㉔；七日之后，日夜分为再潮，水长一二尺㉕，春夏秋冬，历然一定，高下定度，水无盈缩，是为海运，亦曰象水也，又兼象浦之名。《晋功臣表》㉖所谓金潾㉗清径，象渚澄源者也。

① 大源淮水：今越南广南省维川西秋盆江。　② 郍郍：同"那"。　③ 小源淮水：今越南广南省维川柴江（柴市江）。④ 城周围八里一百步：据卡柯斯（J. Clayes）调查茶荞的古城遗迹长约4公里（陶维英《越南古代史》），与记载相仿。　⑤ 砖城：据鄂卢梭（L. Aurousseau）《占城史料补遗》茶荞遗址是座砖城。　⑥ 飞观：高的楼台建筑。　⑦ 鸱尾：屋脊上的装饰。⑧ 骞翥：飞举貌。　⑨ 岿嶒：高峻。　⑩ 稽古：依古式。⑪ 夷书：林邑使用梵文。　⑫ 胡达：即范胡达。茶荞遗址西4公里有大碑，碑为拔陀罗跋摩一世（Bhadravarman I）所立，马司帛洛（H. Maspero）考证拔陀罗跋摩一世可能即范胡达。

⑬ 佛：指范佛。　⑭ 青琐：青色涂饰的宫门。　⑮ 丹墀：红色涂饰的石阶。　⑯ 榱题：屋椽的前端。　⑰ 墐：污泥。⑱ 回度：赵一清云犹言回行也。　⑲ 掖：宫垣。　⑳ 绮牖：雕刻花纹的窗户。　㉑ 椒房：以椒涂壁，取其温暖而有香气，是后妃居住的处所，即后宫。　㉒ 嫔媵无别：连前椒房意为没有后妃、嫔妾的等级区别。嫔媵，嫔妾。　㉓ 路寝：古代帝王处理政事的宫室。　㉔ 永巷：古代皇宫中妃嫔的住所。㉕ 丘：区。　㉖ 连甍接栋：屋脊相连，栋柱相接。甍，屋脊。㉗ 檐宇相承：屋檐宫宇相互排列，形容宫殿之多。宇，屋檐、住处。　㉘ 佛刹：佛塔。　㉙ 非生民所处：意为不宜人居住生活的地方。生民，即生人，活人。　㉚ 荒殄：荒废困苦。殄，灭绝。　㉛ 靡：不。　㉜ 崩擗：崩溃。擗，分裂。㉝ 愤绝复苏：愤怒到极点，气得死去活来。　㉞ 昭晰：明亮。㉟ 艳曜：光耀。　㊱ 咄：杨迈二世，？—446 年在位。㊲ 昭穆：辈分。　㊳ 冥郁：葱郁茂盛。　㊴ 藤盘：藤本植物弯曲盘绕。　㊵ 筀：竹名。　㊶ 桂父：传说中的神仙，日南象林人。《初学记》卷二十三引裴氏《广州记》：桂父，常食桂叶，见知其神，尊事之，一旦与乡曲别，飘然入云。　㊷ 间关：鸟声。　㊸ 比翼鸟：传说这种鸟一目一翼，成双乃飞。

㊹孔：很，甚。　㊺桑梓：故乡的代称。因为古代屋边常种植桑树和梓树。　㊻俞益期：俞希，字益期，晋豫章（治今江西南昌市）人。豫章，郡名。穆帝时为治书侍御史，后官至将作大匠。　㊼不下曲俗：不随大流，不附和不正之风。曲俗，陋俗。　㊽适：去，往。　㊾韩康伯：韩伯，字康伯，晋颍川长社（今河南长葛市东北老城）人，曾任豫章太守。　㊿槟榔树：棕榈科，常绿乔木，果实可供食用。　51不得北植：不能够植到北方。　52任延：？—67年，字长孙，汉南阳宛县（今河南南阳市）人。东汉建武初年，任九真太守四年。　53六百余年：杨守敬说，计自后汉初到郦氏时四百余年。　54火耨耕艺：即火耕水耨。古代南方比较原始的耕作方法，《史记·平准书》裴骃集解引应劭说，烧草，下水种稻，草与稻并生，高七八寸，因悉芟去，复下水灌之，草死，独稻长，所谓火耕水耨也。　55白田：旱田。《晋书·傅玄传》白田收至十余斛，水田收数十斛。　56白谷：旱稻（陆稻）。一般种在高地和盆地，适宜在雨季种植，下文（夏历）七月种，十月熟，正值越南雨季。　57七月火作：杨守敬说，以下十二月作例之，则火字当衍。　58赤田：水田。　59赤谷：水稻。一般种在低地，适宜在旱季种植，当即后世的占城稻。　60甲：草木萌芽

时的外皮。　㉛谷月代种：谷类每个月都可以更替种植。
㉜穜稑：先种后熟的谷类叫穜,后种先熟的谷类叫稑。
㉝《三都赋》：晋左思撰。三都即蜀都、吴都、魏都。据说赋
成之后,轰动一时,人们竞相传抄,洛阳为之纸贵。　㉞八蚕
之绵：蚕茧一年八育。《文选》卷五《吴都赋》李善注引刘欣期
《交州记》,一岁八蚕茧,出日南也。　㉟幂羃：覆盖貌。
㊱常吐飞溜：常有山水飞速下注。　㊲雪霏：白色的水珠如
雾。　㊳通逵：四通八达的大路。　㊴船官口：今维川东大
占海口。　㊵船官川：今维川北武嘉河。　㊶东湖：今维川
东一带。　㊷潮水日夜长七八尺：南海是近海潮差最小的区
域,越南中部沿岸潮差一般在 2 米以下,南朝宋一尺为 24.6
厘米,七八尺约合 1.72 到 1.97 米,古今记载大致相符。
㊸朔望并潮：朔,夏历每月初一;望,夏历每月十五。潮汐从
大潮到小潮再到大潮,完成一个周期为 14.7 天,即约半个月。
㊹一上七日二句：即七天大潮,潮高丈六七,约合 3.94 到
4.18 米。　㊺日夜分为再潮二句：即一天出现两次潮汐循
环,称为半日潮,水长一二尺,约合 0.25 到 0.5 米。　㊻《晋
功臣表》：熊会贞说,未知出何家《晋书》,不可考。　㊼金
潾：古国名。一作金邻、金陈、金阵,一般认为在今泰国。

　　本段是林邑早期历史和日南郡各属县地理位置最翔实的记录,具体内容大致分六个方面:一、西卷县、寿泠县、卢容县和林邑区粟城;二、当时中原王朝与林邑的交往和发生的冲突;三、三国吴分九真郡南境设置的九德郡及其属县;四、比景县和朱吾县;五、林邑的历史和世系;六、林邑都城典冲城。

　　秦始皇三十三年(前214)置象郡,汉元鼎六年(前111)武帝灭南越,置九郡,其中在今越南境内自北而南为交趾、九真、日南三郡。日南郡位于最南端,郡境北起今越南横山,南到大岭。东汉末年,日南郡象林县区连(怜)创建林邑国,林邑的都城即汉象林县,称典冲城。大约在南朝宋元嘉后不久,林邑疆域北展至横山,尽有原日南郡故地。《汉书·地理志》载,日南郡故秦象郡,自汉至清末一千八百年间,从来没有人提出过怀疑,而汉日南郡在今越南中部,史载确实。19世纪末越人武范启,20世纪法人马司帛洛(H. Maspero)、日人佐伯义明,先后对这一传统说法提出异议,认为秦象郡在今广西西部和贵州南部一带,后法人鄂卢梭(L. Aurousseau)

又力驳马司帛洛之说。汉日南郡是不是秦象郡,因为都有史料依据,迄今没有取得共识。归结起来,有利于汉日南郡即秦象郡的史料有:

1.《史记·秦始皇本纪》象郡下裴骃集解引韦昭说,今日南;

2.《汉书·地理志》日南郡,故秦象郡,武帝元鼎六年开,更名;

3.《水经·温水注》引应劭《地理风俗记》日南,故秦象郡,汉武帝元鼎六年开,日南郡治西卷县;

4.《晋书·地理志》日南郡,秦置象郡,汉武帝政名焉;卢容县:象郡所居;

5.《水经·温水注》引王隐《晋书地道记》:(日南)郡去卢容浦口二百里,故秦象郡象林县治也;

6.《温水注》狼湖浦口有秦时象郡,墟域犹存。

不利于汉日南郡即秦象郡的史料有:

1.《山海经·海内东经》沅水出象郡镡城西,东注汇入下隽西,合洞庭中;郁水出象郡,而西南注南海,入须陵东南;

2.《汉书·昭帝纪》元凤五年（前76），罢象郡，分属郁林、牂柯；

3.《汉书·高帝纪》臣瓒注引《茂陵书》，象郡治临尘，去长安万七千五百里；

沅水上源、郁水和镡城、郁林、牂柯、临尘都在今贵州、广西一带。

由上可见，从史料的量和可靠程度来衡量，汉日南郡即秦象郡的传统说法占优势。先秦时代，我国的政治中心长期在关中、洛阳，从今陕西、河南，经南阳盆地南下，沿汉水，渡长江，越过湘江和漓江分水岭，进入岭南，溯左江至越南滨海平原，或下西江至广州，再渡海至越南中部，交通并不困难，早在战国楚怀王时代，水路已可以达到广西全州以北（杨宽《战国史》）；再从文化上考察，今广西、越南都有先秦时期的铜器发现，广州象岗南越王墓、广西贵港南越时期墓等出土的文物证明，至少在南越的社会上层已普遍接受中原文化。当然分布在今越南地区的瓯骆族，情况有所不同，但不少史料表明，中原文化和越族文化的接触源远流长，秦和汉初只是交

流的强化。因此,似乎可以这样说,秦朝强大的武力是
有一定的文化背景为后盾的,汉代在今越南境设三郡二
十余县,而今福建却只设一县,可见当时中原王朝统治
力量的地区差异和后世不同;又赵佗以后,南越内忧外
患,国势日衰,象郡可能一度内迁;如果是这样,上述史
料也就没有矛盾。所以,汉朝的日南郡就是秦象郡故地
的传统说法,还没有足够的证据加以否定。

　　林邑是在今越南中部、南部一带的古国名。2世纪
末至8世纪中叶中国人称占人所建立的国家为林邑。
初建国于汉日南郡象林县(今越南广南省维川茶荞遗
址),以县名为国名,省称林邑,一说汉象林县即秦象郡
林邑县,因以为名。东汉永和二年(137),一作初平年
间(190—193),日南郡象林县功曹之子区怜(一作连、
逵)发动政变,攻陷县城,自立为王,建立国家。立国前
已由中原传入牛耕方法,4世纪范文时,始建城池,铸造
兵器。其原住民深目高鼻,发卷肤黑。信仰佛教、婆罗
门教,通用梵文,即《注》中的夷书。到5世纪初叶南朝
宋时已全部占有汉日南郡故地。其疆域大致北以今越

南河静、广平省间的横山与中国为界,南至富安、庆和省间的大岭邻扶南。唐至德后改称环王,乾符时又称占城,但据占婆诸碑,其国始终自称占婆。占婆,或作瞻波、占波、占城,都是其音转。五代晋以后,今越南北部脱离中国独立,占、越关系尖锐化,占城领土不断被越南蚕食,逐渐衰落,至17世纪末越阮朝时,大岭以北原来的日南郡全境均入越境,占城国仅苟延残喘于平顺、潘郎、潘里一带(今越南庆和省以南),不久,为广南阮氏所灭。《注》文是6世纪以前林邑历史最详尽的文字记录。

《水经注》对当地植被的描写十分生动,多层次的植物群落,下面生长着荆棘,树干上攀附着盘绕的藤木,林中幽深阴暗,湿气上蒸,犹如烟雾,这正是热带丛林的真实写照。"水入海,有竹,可为杖。"出自《汉书·地理志》日南郡西捲县下,说明了当时有档案根据的。这种生长在海中的竹,无疑就是今天分布在南方海滩的红树林。许多关于日南郡和林邑的记述是很可信的,例如"松原以西,鸟兽驯良,不知畏弓",显然当地还处于人

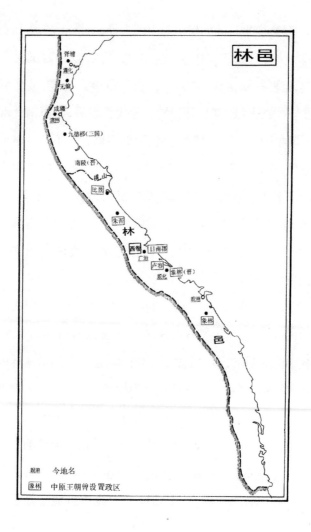

迹罕至的原始状态;又如阮谦之率船队三日三夜,无顿止处,和越南中部多为沙质顺直海岸,缺少停泊港口的地理情况相一致。马司帛洛、鄂卢梭等对区粟城及林邑古都典冲城的研究,主要也是参考了《注》中的有关记载。其他还有当地自然环境、民族风情、海陆交通、城市规模、宫殿建筑、耕作制度、潮汐以及与中原王朝的交往等等,都是很宝贵的材料。